outubro

vista de estudos socialistas

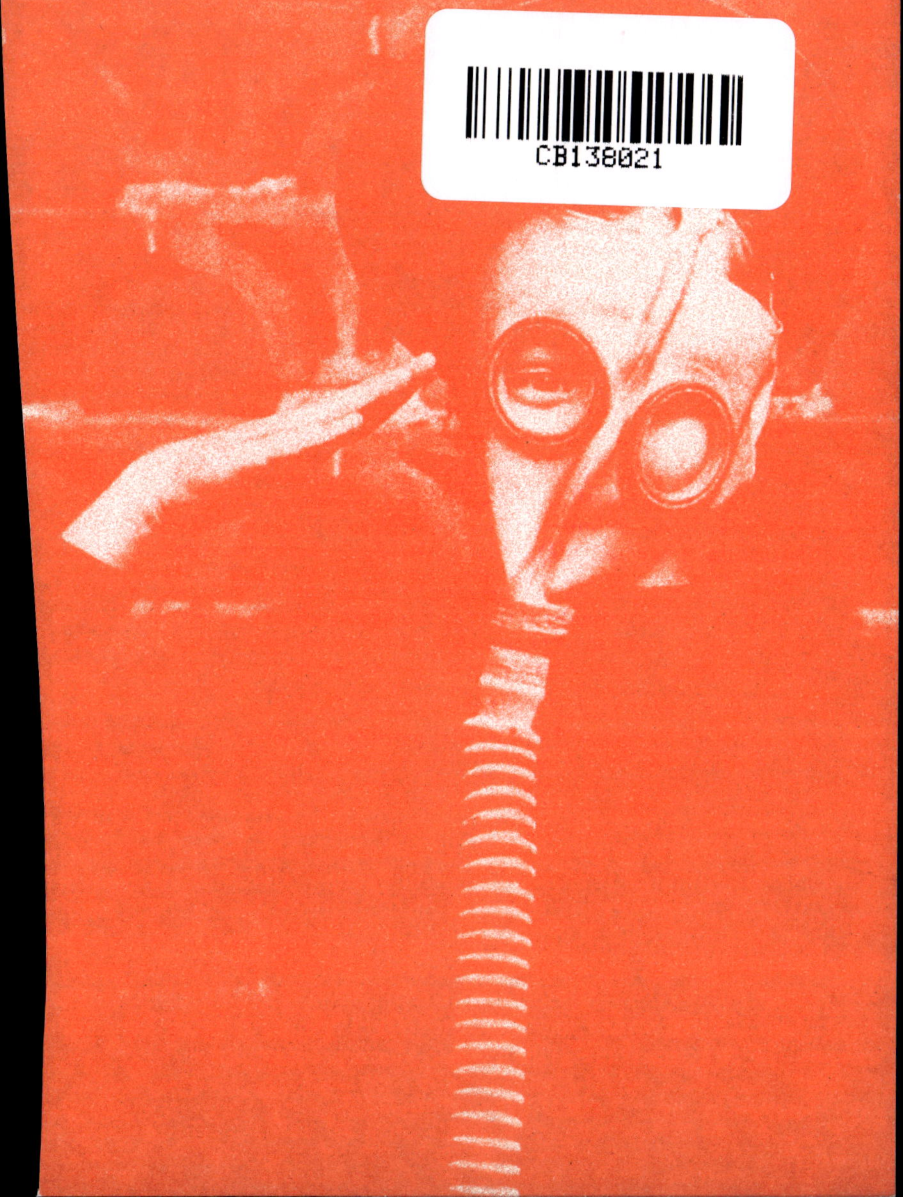

Revista Outubro, n. 34
Inverno 2020

Sumário

ARTIGOS

RESENHAS

DOSSIÊ

Por que esse dossiê vale a pena?

Leonardo Leite[1] e Álvaro Siqueira[2]

A polêmica reunida nessa edição da *Outubro* divide opiniões entre os que pensam a questão do "valor" na obra Marx: "um debate medieval religioso sobre quantos anjos existem na cabeça de um alfinete" e os que a consideram "uma discussão realmente relevante". Procuramos, com o presente dossiê, mostrar que a segunda interpretação pode ser verdadeira e convidamos nossos leitores/as a tirarem suas próprias conclusões.

O texto "A recusa de Marx da teoria do valor-trabalho"[3] de David Harvey é o ponto de partida deste dossiê. Em seguida, publicamos a crítica de Michael Roberts, "A incompreensão de David Harvey sobre a lei do valor de Marx" e a réplica de Harvey, "As incompreensões de Michael Roberts". Por fim, publicamos dois artigos encomendados pela **Outubro** de intelectuais

[1] Leonardo Leite, Professor na Faculdade de Economia da Universidade Federal Fluminense (UFF) e pesquisador no NIEP-Marx.

[2] Álvaro Martins Siqueira é doutorando em Economia pela Universidade Federal Fluminense (UFF). É pesquisador do NIEP-Marx e do GEPOC.

[3] Agradecemos à editora Boitempo a autorização para republicação desse texto, inicialmente publicado na revista *Margem Esquerda*, n. 31, 2018, p. 61-68.

brasileiros – Eleutério Prado e José Paulo Pinto; Mário Duayer e Paulo Henrique F. Araujo – que comentam e continuam o diálogo crítico.

O pontapé de Harvey consiste em afirmar que a teoria do valor-trabalho está desmoralizada. Para recuperar as ideias de Marx, propõe então uma síntese interpretativa que sugere que do movimento histórico de expansão do valor emerge uma contradição entre a produção de valores e a reprodução social da vida. O aspecto decisivo do argumento de Harvey é a ênfase na importância das "vontades, necessidades e desejos" envolvidos no polo da reprodução social. Sem esses, diz, não há valor. Por isso, a destruição do poder de compra dos trabalhadores, impedindo a satisfação de suas "vontades, necessidades e desejos", passa a ser contra-produtiva para a própria expansão do capital como valor em movimento. Harvey conclui, então, que as crises no capitalismo são oriundas da supressão do poder de compra dos trabalhadores.

Em sua réplica a Harvey, Roberts apresenta o argumento de que as crises capitalistas não podem ser explicadas ou contidas por mecanismos de gerenciamento da demanda agregada, a seu ver típicos de políticas de corte *keynesiano* ou de inspiração socialdemocrata. Existiria uma contradição intrínseca ao capitalismo que torna as crises inevitáveis e recorrentes; o retorno ao estudo da teoria do valor em Marx, nesse caso, seria imprescindível.

A polêmica instaurada nesse debate tem o potencial de contribuir para um maior entendimento da teoria do valor de Marx. Temos certeza que o presente dossiê oferece uma visão diversificada e crítica das interpretações teoria do valor de Marx, que, muito mais do que uma *teoria dos preços,* versa sobre como o capital estrutura e organiza de maneira sempre renovada a sociedade que hegemoniza. Além das razões de ordem teórica e metodológica que nos ajudam a compreender Marx, o dossiê contém elementos fundamentais para a reflexão sobre a natureza da transformação social.

O leitor poderá perceber, ao longo da leitura, as interpretações sobre a *práxis* subjacente às compreensões distintas sobre o valor. Poderíamos ampliar a afamada consigna de Lênin, segundo a qual "sem teoria revolucionária não existe movimento revolucionário", e indicar que, conforme nos ensina este dossiê, para distintas teorias revolucionárias existem distintas práticas revolucionárias. Todos os envolvidos neste debate são "críticos do capitalismo", mas as particularidades pelas quais executam a crítica dizem muito a respeito das possibilidades práticas de intervenção contra o capitalismo sugeridas pela própria crítica.

A recusa de Marx da teoria do valor-trabalho[4]

David Harvey
Professor de Geografia Urbana da City University of New York (CUNY)

[4] Originalmente publicado em inglês no blog www.davidharvey.org em março de 2018. Artigo traduzido por Artur Renzo e publicado em português originalmente na revista *Margem Esquerda, n. 31, 2018.* Republicado nesta edição da *Outubro* com autorização.

Resumo: o artigo propõe que a teoria do valor-trabalho está desmoralizada e que para recuperar as ideias de Marx seria necessária uma nova síntese interpretativa do movimento histórico de expansão do valor e emergência da contradição entre a produção de valores e a reprodução social da vida. O aspecto decisivo, aqui, é a ênfase nas "vontades, necessidades e desejos" envolvidos no polo da reprodução social, sem os quais não existe valor. O autor conclui que a destruição do poder de compra dos trabalhadores, impedindo a satisfação de suas "vontades, necessidades e desejos", passa a uma contradição para a própria expansão do capital como valor em movimento. Afirma, por fim, que as crises no capitalismo são oriundas da supressão do poder de compra dos trabalhadores.

Palavras-chave: 1. Marx; 2. teoria do valor-trabalho;
3. crise do capitalismo

Abstract: the article proposes that the Labour Theory of Value is demoralized and that to recover Marx's ideas a new interpretative synthesis of the historical movement of expansion of value and the emergence of the contradiction between the production of values and the social reproduction of life would be necessary. The crucial aspect here is the emphasis on wants, needs and desires" involved in the pole of social reproduction, without which there is no value. The author concludes that the destruction of workers' purchasing power, preventing the satisfaction of their "wants, needs and desires", becomes a contradiction for the expansion of capital as a value in motion. Finally, it states that the crises in capitalism stem from the suppression of workers' purchasing power.

Keywords: 1. Marx; 2. Labour Theory of Value;
3. Capitalism Crisis

Acredita-se amplamente que Marx teria incorporado e adaptado a teoria do valor-trabalho de David Ricardo como um conceito fundador para seus estudos sobre a acumulação do capital. Posto que a teoria do valor-trabalho caiu, em larga medida, em descrédito, muitos se apressam em decretar soberbamente a consequente inutilidade das teorias de Marx como um todo. No entanto, em lugar nenhum Marx chegou a efetivamente declarar sua filiação à teoria do valor-trabalho. Essa teoria pertencia a Ricardo, que, apesar de insistir que a questão do valor era crucial para o estudo da economia política, também não deixava de reconhecer que a teoria em questão ainda era profunda- mente problemática. Nas poucas ocasiões em que comentou diretamente esse assunto, Marx (1976) se refere à "teoria do valor" e não à teoria do valor-trabalho. Então, afinal, qual seria a teoria do valor de Marx e de que forma ela difere da teoria do valor-trabalho?

A resposta (como costuma ser o caso) guarda detalhes complicados, mas é possível reconstruir seus contornos básicos a partir da estrutura do Livro I de *O capital*.[5] Marx abre essa obra com um exame da aparência superficial do valor de uso e do valor de troca no ato material da troca de mercadorias e postula a existência de valor (uma relação imaterial mas objetiva) por trás do aspecto quantitativo do valor de troca. Esse valor

[5] Boa parte do que se segue neste artigo deriva de David Harvey (2018).

é inicialmente considerado como um reflexo do trabalho (abstrato) social cristalizado nas mercadorias (capítulo 1). Como demonstra Marx, enquanto norma reguladora na esfera do mercado, o valor só pode existir quando e onde a troca mercantil passa a configurar "um ato social normal". Essa normalização depende da existência de relações de propriedade privada, indivíduos jurídicos e mercados perfeitamente concorrenciais (capítulo 2). Tal mercado só pode funcionar com o surgimento de formas monetárias (capítulo 3), que facilitam e lubrificam as relações de troca de maneiras eficientes ao mesmo tempo que fornecem um veículo conveniente para armazenar valor. O dinheiro entra aqui, portanto, na condição de representação material do valor. O valor não pode existir sem sua representação. Ao longo do capítulo 4, Marx demonstra que é somente nos marcos de um sistema em que a produção de mercadorias configura a finalidade e o objeto da atividade econômica que a troca se torna um ato social necessário e normal. É com a circulação de dinheiro enquanto capital (seção 2) que se consolidam as condições para que a forma valor característica do capital se constitua enquanto norma regulatória. A circulação de capital pressupõe, entretanto, a existência prévia da disponibilidade do trabalho assalariado na condição de mercadoria passível de ser comprada e vendida no mercado (seção 3). É matéria do capítulo 24 de *O capital* - que lida com a acumulação primitiva ou original - dar conta de explicar de que forma o trabalho veio a se tornar tal mercadoria antes da emergência do capitalismo propriamente dito.

O conceito de capital enquanto processo - como valor em movimento - baseado na compra de força de trabalho e de meios de produção é inextricavelmente vinculado ao surgimento da forma valor. Uma analogia simples, mas rudimentar para o argumento de Marx poderia ser a seguinte: o corpo humano depende de forma vital da circulação do sangue, que por sua vez não existe enquanto tal fora do corpo humano. Os dois fenômenos são mutuamente constitutivos. Do mesmo modo, a formação de valor não pode ser compreendida fora do processo de circulação que a abriga. O que importa é a interdependência mútua no interior da totalidade da circulação do capital. No caso do capital, entretanto, o processo aparece não apenas como autorreprodutivo (cíclico), mas também auto-expansivo (a forma espiralada da acumulação). Isso ocorre porque a busca por lucro e mais-valor impulsiona as trocas mercantis, que por sua vez promovem e sustentam a forma valor. É somente sob condições de acumulação de capital, portanto, que o valor se torna uma norma reguladora pressuposta na esfera da troca.

Figura 1

As trajetórias do valor em movimento, elaboradas a partir do estudo dos escritos de Marx sobre economia política.

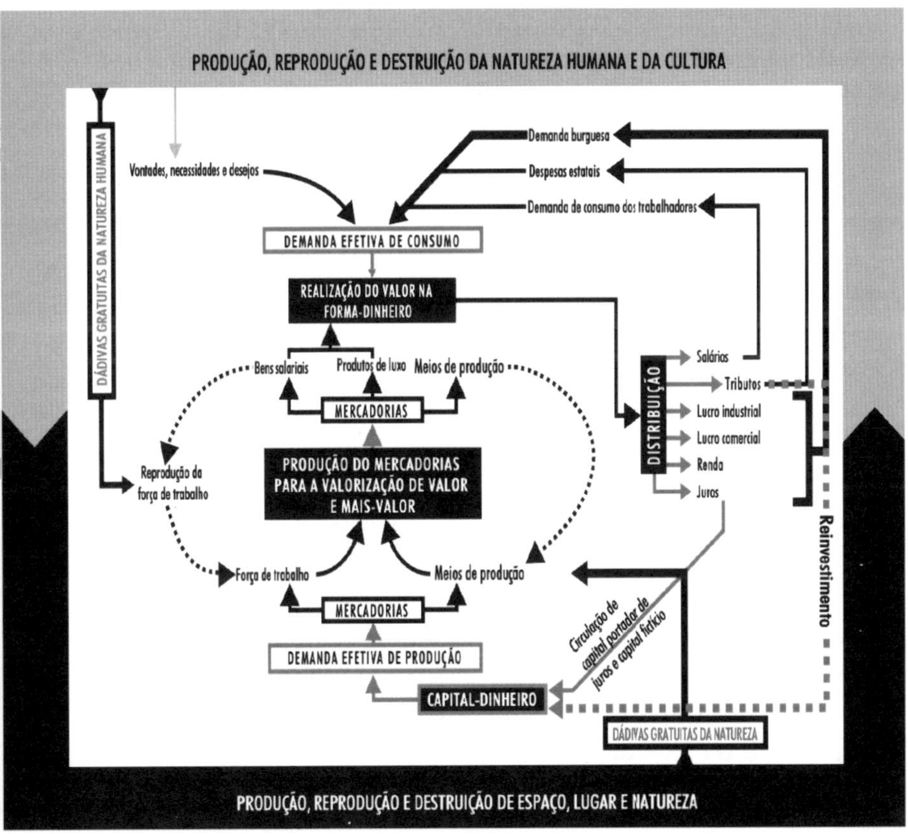

Embora as etapas do argumento sejam complicadas, parece que Marx teria feito pouco mais do que sintetizar e formalizar a teoria do valor-trabalho de Ricardo, incorporando-a na totalidade da circulação e da acumulação, conforme retrata a Figura 1. A sofisticação e a elegância do argumento seduziram muitos dos seguidores de Marx, que passaram a acreditar que a história acabava por aqui. Se assim fosse, de fato boa parte das críticas lançadas contra a teoria do valor de Marx seria justificada. Mas esse não é o fim. Na verdade, é apenas o começo. A esperança de Ricardo era de que a teoria do valor-trabalho fornecesse uma base para compreender a formação dos preços. Foi precisamente essa esperança que a análise subsequente pôs abaixo tão impiedosamente e com tanta propriedade. Marx entendeu precocemente que essa era uma esperança impossível, ainda que deslizasse frequentemente (suspeito que por motivos táticos) entre os termos valor e preço em suas apresentações, como se representassem praticamente a mesma coisa. Em outras instâncias ele estudou as divergências sistemáticas entre ambos. No Livro I de *O capital*, Marx reconhece que coisas como consciência, honra e terra não cultivada podem ter preço, embora não tenham valor. No Livro III, ele explora como a equalização da taxa de lucro no mercado faria com que as mercadorias não fossem trocadas pelos seus valores, mas conforme os chamados "preços de produção".

O interesse principal de Marx, porém, não era a formação de preços. Seus objetivos eram outros. Do capítulo 5 ao capítulo 23 do Livro I de *O capital*, ele descreve em detalhe as consequências para o trabalhador de se viver e trabalhar em um mundo regido pela lei do valor, conforme constituída por meio da generalização e da normalização da troca na esfera do mercado. Trata-se da famosa transição que Marx anuncia no fim do capítulo 4 ao nos convidar a deixar a esfera da circulação, "o Éden dos direitos inatos do homem [...], reino exclusivo da liberdade, da igualdade, da propriedade e de Bentham". E assim mergulhamos no "terreno oculto da produção", onde veremos "não só como o capital produz, mas como ele mesmo, o capital, é produzido" (MARX, 2013, p. 250). Somente aqui poderemos ver como o valor é formado.

As leis coercitivas da concorrência no mercado pressionam os capitalistas individuais a estenderem ao máximo a jornada de trabalho, a ponto de, na ausência de qualquer força limitadora (tal como legislação) para estabelecer um teto sobre a jornada de trabalho, ameaçar a vida e o bem-estar do trabalhador (capítulo 8). Nos capítulos subsequentes, essas mesmas leis coercitivas impelem o capital a buscar inovações tecnológicas e organizacionais; mobilizar e apropriar os poderes inerentes dos trabalhadores de cooperação e de divisão de trabalho, assim como de projetar maquinaria e sistemas e produção fabril; mobilizar os poderes da educação, do conhecimento, da ciência e da tecnologia – tudo na busca do mais-valor relativo. O efeito global desse processo (capítulo 23) é a diminuição do *status* do trabalhador, a produção de um exército industrial de reserva, a imposição de condições degradantes e desesperadoras de trabalho entre as classes trabalhadoras e a condenação de boa parte dos trabalhadores a viver sob condições extremamente miseráveis de reprodução social.

É isso que Diane Elson (1979) denomina "a teoria-do-valor do trabalho" em seu artigo seminal sobre o tema. Trata-se de uma teoria que se concentra nas consequências que o valor, operando como uma norma reguladora no mercado, produz para a experiência dos trabalhadores condenados pela sua situação a trabalhar para o capital. Esses capítulos também explicam por que Betell Ollman (1971) considera que a teoria do valor de Marx seja uma teoria da alienação do trabalho na produção, em vez de um fenômeno de mercado.

Mas a produtividade e a intensidade do trabalho sofrem constante- mente oscilações em função das pressões da concorrência no mercado – conforme descrevem os capítulos posteriores de *O capital*. Isso significa que a formulação do valor no primeiro capítulo de *O capital* é revolucionada por aquilo que vem em seguida. O valor passa a ser concebido como uma conectividade interna instável e em perpétua evolução (uma relação interna ou dialética) entre o valor conforme definido (e constantemente redefinido) na esfera da circulação no mercado e o valor conforme definido (e constantemente redefinido) em função das revoluções na esfera da produção. Nos *Grundrisse*, Marx (2011, p. 578-596) já havia inclusive especulado, em um famoso "fragmento sobre maquinaria", que a incorporação de conhecimento humano no capital fixo dissolveria o estatuto do valor como um todo a não ser que houvesse outros motivos ou forças agindo no sentido de sua restauração.[6] Ao se aproximar da tese sobre a queda tendencial da taxa de lucro no Livro III de *O capital*, Marx dá bastante peso ao impacto das transformações tecnológicas nos valores. A relação contraditória entre valor definido no mercado e valor reconstruído pelas transformações no processo de trabalho é central no pensamento de Marx.

A produtividade cambiante do trabalho é evidentemente uma característica-chave em todas as formas de análise econômica. No que diz respeito a Marx, entretanto, o que conta não é a produtividade do trabalho físico enfatizada na economia política clássica e neoclássica, mas a produtividade do trabalho com respeito à produção de mais-valor. Isso coloca no centro da teoria do valor de Marx a relação interna entre a busca por mais-valor relativo (por meio de inovações tecnológicas e organizacionais) e valores de mercado. Em suma: um primeiro corte na teoria do valor de Marx se concentra na unidade contraditória e constantemente cambiante entre o que tradicionalmente se refere como a teoria do valor-trabalho na esfera do mercado (conforme exposta nos seis primeiros capítulos de *O capital*) e a teoria-do-valor do trabalho na esfera da produção (conforme analisada dos capítulos 5 a 23 de *O capital*).

---

[6] O assim chamado "fragmento sobre a maquinaria" tem sido amplamente debatido. Ver Carlo Vercellone (2007, p. 13-36).

Mas os materiais apresentados no capítulo 23 indicam que não é apenas a experiência no interior do processo de trabalho que está em jogo na teoria do valor. Marx descreve as condições da reprodução social de todos aqueles demovidos ao exército industrial de reserva pela operação da lei geral de acumulação de capital (assunto do capítulo 23). Ele cita relatórios oficiais referentes a saúde pública na Inglaterra rural (mais notavelmente, aqueles assinados por um certo Dr. Hunter) e outros relatos da vida cotidiana na Irlanda e na Bélgica, junto com a descrição de Engels (2008) registrada em *A situação da classe trabalhadora na Inglaterra*. O consenso de todos esses relatos era que as condições de reprodução social para esse segmento da classe trabalhadora eram piores do que qualquer coisa de que se tinha conhecimento durante o regime feudal. Condições pavorosas de nutrição, moradia, educação, superlotação, relações de gênero e remoções constantes foram exacerbadas por políticas punitivas de bem-estar público (mais notavelmente as *Poor Laws* na Inglaterra). Sublinha-se o fato alarmante de que a nutrição entre encarcerados era superior à dos miseráveis fora da prisão (infelizmente, isso também se observa hoje nos Estados Unidos). Isso abre caminho para uma importante extensão da teoria do valor de Marx. A intensificação da concorrência capitalista no mercado – incluindo a busca por mais-valor relativo por meio de transformações tecnológicas – produz condições deteriorantes de reprodução social para as classes trabalhadoras (os segmentos importantes dela), se não entrarem em jogo forças compensatórias ou políticas públicas para debelar tais efeitos.

Da mesma forma que a teoria do valor-trabalho é fundante para a abordagem de Marx do valor, surge também como um importante foco de estudo "uma teoria do valor da reprodução social". É essa a perspectiva que Marx abre nas últimas seções do capítulo 23 do Livro I de *O capital*. E foi esse o foco das feministas marxistas que trabalharam assiduamente durante os últimos quarenta anos para construir uma teoria adequada da reprodução social.[7]

No Livro I de *O capital*, Marx cita um relatório oficial sobre as condições de vida da maioria dos trabalhadores na Bélgica, onde "poucas famílias de trabalhadores podem obter a alimentação [...] mas mesmo do presidiário". Tais famílias recorrem a expedientes cujo segredo apenas o trabalhador conhece: reduzindo sua ração diária, comendo pão de centeio em vez de pão de trigo, comendo pouca carne ou até mesmo nenhuma, fazendo o mesmo com a manteiga e os condimentos, amontoando a família em uma ou duas peças, onde moças e rapazes dormem juntos, frequentemente sobre o mesmo colchão de palha, economizando no vestuário, na roupa de baixo, nos meios de limpeza, renunciando aos lazeres dominicais, em suma, dispondo-se às mais dolorosas privações. Uma vez alcançado esse limite extremo, o aumento mais ínfimo nos preços dos meios de subsistência, um desemprego, uma doença multiplicam a miséria do trabalhador e o arruínam por completo. As dívidas se acumulam, o crédito é recusado, as roupas, os móveis mais necessários são recolhidos pela casa de penhores e, por fim, a família solicita sua inscrição na lista dos indigentes.[8]

Se esse for um resultado típico da operação da lei capitalista da acumulação de valor então há uma profunda contradição entre condições deteriorantes de reprodução social e a necessidade do capital de perpetuamente expandir o mercado. Como assinala Marx no Livro II de *O capital*, a verdadeira raiz das crises capitalistas repousa na supressão dos salários e na redução da massa da população à condição de indigentes. Se não há mercado, não pode haver valor. São múltiplas as contradições do ponto de vista da teoria da reprodução social que se colocam para os valores conforme realizados no mercado. Se, por

[7] Ver o recente panorama e coletânea em Tithi Bhattacharya (2017).

[8] Karl Marx, O capital, Livro I, cit., p.745-6. (Marx cita aqui os estudos de Edouard Ducpétiaux sobre os trabalhadores da capital belga em *Budgets écnomiques des classes ouvrières en Bélgique, de 1855. – N. T.)*

exemplo, não há trabalhadores saudáveis, educados, disciplinados e qualificados no exército industrial de reserva, então ele não pode mais desempenhar seu papel enquanto tal.

As relações dialéticas entre processos concorrenciais de mercado, produção de mais-valor e reprodução social emergem como elementos mutuamente constitutivos, mas profundamente contraditórios da formação de valor. Tal arcabouço teórico de análise oferece uma forma intrigante de preservar especificidades e diferenças no nível teórico da teoria do valor sem abandonar o conceito da totalidade que o capital perpetuamente reconstrói por meio de suas práticas.

É preciso considerar também outras modificações, extensões e elaborações da teoria do valor. A tensa e contraditória relação entre produção e realização repousa no fato de que o valor depende da existência, no interior de uma população de consumidores, de vontades, necessidades e desejos cacifados pela capacidade de pagar. Tais vontades, necessidades e desejos são profundamente embutidos no mundo da reprodução social. Sem eles, conforme assinala Marx no primeiro capítulo de *O capital*, não há valor. Isso introduz a ideia de "não valor" ou "antivalor" na discussão. Também significa que a redução dos salários a quase nada será contraproducente à realização de valor e mais-valor no mercado. Tanto a elevação dos salários como forma de garantir "consumo racional" do ponto de vista do capital quanto a colonização da vida cotidiana como arena para o consumismo são cruciais para a teoria do valor.

Ademais, outro conjunto de problemas a ser resolvido no interior do arcabouço teórico do valor se coloca quando o pressuposto de uma concorrência perfeita dá lugar ao monopólio em geral e à concorrência monopólica inerente na organização espacial da circulação do capital. Recentemente sugeri, na esteira de um conjunto relevante de formulações de Marx, que a ideia comumente aceita de que há uma única expressão do valor deveria dar lugar ao reconhecimento da existência de uma variedade de regimes de valor regionais distintos no interior da economia global.[9]

A forma valor de Marx, concluo, não pode ser compreendida como um fulcro imóvel e estável no mundo turbulento do capital. Trata-se de uma métrica instável e em constante mutação, que é empurrada para lá e para cá pela anarquia das trocas mercantis, por transformações revolucionárias nas tecnologias e formas organizacionais, pelas diferentes práticas de reprodução social em curso e em função de grandes transformações nas vontades necessidades e desejos de populações inteiras, expressas pelas culturas da vida cotidiana. Isso está muito além do que Ricardo tinha em mente e é igualmente distante da concepção de valor que geralmente se atribui a Marx.

[9] A respeito dessa questão, ver o capítulo "A produção de regimes de valor" em David Harvey (2018, p. 153-169)

Referências bibliográficas

BERTELL, Ollman. *Alienation*. Cambridge: Cambridge University Press, 1971.

BHATTACHARYA, Tithi. *Social Reproduction Theory*: Remapping Class, Recentering Oppression. Londres: Pluto, 2017.

ELSON, Diane. The Value Theory of Labour. In: ELSON, D. (org.), *Value: The Representation of Labour in Capitalism*. Londres: CSE Books, 1979.

ENGELS, Friedrich. *A situação da classe trabalhadora na Inglaterra*. São Paulo: Boitempo, 2008.

HARVEY, David. *A loucura da razão econômica: Marx e o capital no século XXI*. São Paulo: Boitempo, 2018.

MARX, Karl. Notes on Adolph Wagner. In: DRAGSTEDT, A. (org.) *Value: Studies by Marx*. Londres: New Park Publications, 1976.

_____. *Grundrisse: manuscritos econômicos de 1857-1858* – esboços da crítica da economia política. São Paulo: Boitempo, 2011.

_____. *O capital: crítica da economia política*. Livro I: O processo de produção do capital. São Paulo: Boitempo, 2013.

VERCELLONE, Carlo. From Formal Subsumption to General Intellect: Elements for a Marxist Reading of the Thesis of Cognitive Capitalism, *Historical Materialism*, n. 15, p. 13-36, 2007.

A incompreensão de David Harvey sobre a lei do valor de Marx[1]

Michael Roberts
Economista (Inglaterra)

[1] Artigo publicado originalmente no blog *The Next Recession*. Tradução de Álvaro M. Siqueira. Revisão técnica de Leonardo Leite.

Resumo: O artigo de Michael Roberts faz parte de um debate mais amplo com o geógrafo marxista David Harvey acerca das distinções sobre as interpretações acerca da teoria do valor em Marx. O eixo da discussão gira em torno da acusação, feita por Roberts, de que Harvey acaba concentrando a questão do valor na dimensão do mercado, prefigurando uma exclusão da questão do valor-trabalho. Dessa forma, segundo o economista britânico, a leitura de David Harvey acaba criando uma visão subconsumista das crises do capitalismo.

Palavras-chave: 1. Karl Marx; 2. David Harvey; 3. Teoria do valor

Abstract: Michael Roberts' paper is part of a broader debate between him and Marxist geographer David Harvey, around the distinctive interpretations about the theory of value in Marx. The priority of this discussion is focused on the charge, made by Roberts, that Harvey ends up concentrating the matter of the value in the market dimension, which indicates an exclusion of the matter of the value of labor. That being said, according to the economist, the reading elaborated by David Harvey ends up creating a subconsumist vision of the crisis of capitalism.

Keywords: 1. Karl Marx; 2. David Harvey; 3. Value theory

"Cabe a vocês, leitores, decidirem: [Essa disputa] é como um debate medieval religioso sobre quantos anjos existem na cabeça de um alfinete; ou esse é um debate que realmente leva à algo que vale a pena saber?"

Recentemente, o professor David Harvey (DH) enviou um e-mail para várias pessoas, inclusive eu, anexando um curto artigo para discussão. O artigo esboça a visão de DH de que a teoria marxiana do valor nas economias capitalistas tem sido bastante incompreendida.

Caso você não saiba (o que é difícil), o professor David Harvey é provavelmente o estudioso marxista mais eminente da atualidade, com um conjunto de livros, artigos e vídeos educacionais sobre teoria econômica marxista publicados em seu nome. O curto artigo circulado expressa de forma sucinta a sua visão da teoria do valor marxista, que ele elaborou mais recentemente em seu último livro, *A loucura da razão econômica: Marx e o capital no século XXI* (HARVEY, 2018).

No artigo, intitulado a *Recusa de Marx da teoria do valor*, DH argumenta que Marx não tinha, de maneira nenhuma, uma "teoria do valor-*trabalho*". Sua teoria do valor era distinta daquela do economista clássico, David Ricardo. Ao invés disso, de acordo com DH, Marx argumentava que o valor era um *reflexo* do trabalho incorporado em uma mercadoria que é apenas *criado/revelado* na troca de mercado. Como diz Harvey: "*se não há mercado, não pode haver valor*" (2020, p. 67). Se isto estiver correto, então é na realização do valor expresso no dinheiro que o valor emerge, não no processo de produção como tal.

DH então prossegue para argumentar que se os salários fossem comprimidos ao mínimo ou mesmo a nada, então não haveria mercado para as mercadorias e, portanto, não haveria valor – e essa é a "*a verdadeira raiz das crises capitalistas*" (Ibid., p. 67). Segue-se então que uma política para o capital evitar crises seria "*tanto a elevação dos salários como forma de garantir 'consumo racional' do ponto de vista do capital quanto a colonização da vida cotidiana como arena para o consumismo* [...]" (Ibid., p. 68). Essa é a consequência de uma correta visão da teoria do valor de Marx, segundo DH.

DH indica que essa interpretação da teoria do valor "*está muito além do que Ricardo tinha em mente e é igualmente distante da concepção de valor que geralmente se atribui a Marx*" (Ibid., p. 68). Ela certamente é. Mas DH está certo em sua interpretação da teoria do valor de Marx e, mesmo que esteja, essa interpretação tem qualquer validade empírica? Eu responderia ambas as perguntas com: *'no'*, *'non'*, *'nein'*, para usar as três línguas mais conhecidas por Marx.

DH começa dizendo que

> "Acredita-se amplamente que Marx teria incorporado e adaptado a teoria do valor-trabalho de David Ricardo como um conceito fundador para seus estudos sobre a acumulação do capital [e] posto que a teoria do valor-trabalho caiu, em larga medida, em descrédito, muitos se apressam em decretar soberbamente a consequente inutilidade das teorias de Marx como um todo". (Ibid., p. 61)

Não fica claro a quem DH está se referindo aqui. Os economistas burgueses do *mainstream* claramente consideram a teoria do valor de Marx como desmoralizada. Os marginalistas neoclássicos há muito rejeitaram o conceito de valor-trabalho por rotulá-lo de 'metafísico'. Economistas novos-ricardianos, pós-sraffianos, e pós-keynesianos, em particular, também são fortemente inclinados a rejeitar qualquer noção de 'valor' como uma mistificação ideológica.

Mas a maioria dos economistas marxistas está ciente da distinção entre as teorias do valor de Marx e de Ricardo. E a diferença não é aquela que DH diz ser, nomeadamente, que Ricardo tinha uma 'teoria do valor-*trabalho*' e Marx não. A diferença é que Ricardo tinha uma teoria do valor (de uso) baseada em 'trabalho concreto' (quantidades físicas de trabalho) medido em tempo de trabalho. A lei do valor de Marx estava baseada no 'trabalho abstrato' (valor mensurado pelo tempo de trabalho quando testado 'socialmente' no mercado).

Sob o capitalismo, a própria força de trabalho humano é uma mercadoria a ser vendida no mercado. De fato, essa é uma característica chave do modo de produção capitalista, onde a maioria não possui meios de produção e assim precisa vender sua força de trabalho para os detentores dos meios de produção. Então, assim como com outras mercadorias, o trabalho tem uma dupla propriedade. Por um lado, ele é trabalho útil, isto é, dispêndio de trabalho humano em uma forma concreta e para um fim específico; e com essa propriedade o trabalho cria valores de uso. Por outro lado, ele é trabalho abstrato, isto é, dispêndio de 'força de trabalho' humana desprovida de características específicas, que cria o valor da mercadoria na qual está representado. Dessa forma Marx fez a distinção entre trabalho e força de trabalho, uma distinção que é absolutamente crucial para entender a fonte do lucro.

Esse foi um grande avanço na lei do valor de Marx. O tempo de trabalho incorporado nas mercadorias que são compradas pelo trabalhador para a reprodução de sua própria vida e de sua família durante um dia é menor do que o tempo de trabalho que um trabalhador oferece de fato ao detentor do capital durante o mesmo período. O resultado é que, para qualquer período dado, o trabalhador produz mais valor do que o salário equivalente, que é pago pelo proprietário do capital para o uso da força de trabalho. Essa diferença Marx chama de "trabalho não pago" e "mais-trabalho" – ou mais-valor. A teoria do valor de Marx sobre o trabalho abstrato expõe a natureza exploratória do modo capitalista de produção, ao passo que nem a teoria do trabalho de Ricardo nem a de Smith expõem.

DH menciona uma única vez (e de passagem) essa descoberta vital de Marx (i.e. trabalho abstrato) que distingue a lei de Marx da teoria do valor-trabalho clássica. E isso porque DH quer prosseguir com sua interpretação da teoria de Marx como aquela em que o valor é criado/realizado apenas na troca, e não no processo de produção através do uso da força de trabalho. DH diz que o valor é inicialmente considerado como um reflexo do trabalho (abstrato) social cristalizado nas mercadorias. Mas, "como demonstra Marx, enquanto norma reguladora na esfera do mercado, o valor só pode existir quando e onde a troca mercantil passa a configurar 'um ato social normal'" (Ibid., p. 62). Então, sem dinheiro não há valor.

Sim, mas o valor de uma mercadoria ainda é o valor nela contido e expandido durante o processo de produção *antes* que ela chegue ao mercado. O valor é trabalho humano físico e mental despendido que, então, é abstraído pelo processo de produção social para o mercado. O valor não é uma criação do dinheiro – ao contrário. Dinheiro é a representação ou valor de troca do trabalho despendido, e não o inverso. Penso que Marx é claro nesse ponto crucial. Ele diz no Livro I de *O Capital*: "O valor das mercadorias é expresso em seus preços antes de elas entrarem em circulação, sendo, portanto, o pressuposto, e não o resultado desta última" (Marx, 2013, p. 233).

Murray Smith (2018), em seu *Leviatã Invisível*, oferece uma explanação concisa da diferença entre a lei do valor de Marx e a interpretação de DH. Marx disse que: "O dinheiro, como medida de valor, é a forma necessária de manifestação da medida imanente de valor das mercadorias: o tempo de trabalho" (Marx, 2013, p. 169) Smith comenta que isso

> "certamente é inconsistente com a ideia de que valor pode ser criado no ato da troca. [...] É precisamente por que a troca efetiva um processo de 'equalização de produtos do trabalho no mercado' (isto é, envolve uma abstração real) que a produção orientada para a troca precisa levar em conta o fato de que o 'trabalho fisiológico' é tanto formador de utilidade [*utility-shaping*] quanto criador de valor [*value-creating*] – isto é, tanto concreto quanto abstrato ao mesmo tempo. Tentar argumentar que o valor é criado 'não na produção mas na articulação de produção e circulação' é uma noção repleta de pensamento circular e requer a maior ginástica mental para distrair [...] O problema com essa abordagem é que se alguém aceita que o trabalho entendido como abstrato não tem uma existência substancial separada da forma de valor, dinheiro, então os valores das mercadorias parecem estar completamente desprovidos de quaisquer determinações nas condições de sua produção, e o caminho está preparado para uma efetiva identificação entre valor e preço". (Smith, 2018, p. 76 e 115)

Em lugar disso, a lei do valor de Marx é baseada na visão de que o trabalho envolvido na produção de mercadoria produz valor, enquanto a troca o realiza na forma-dinheiro. É só por isso que Marx pode distinguir entre as quantidades de valor e mais-valor criados na produção de mercadorias, e as quantidades geralmente distintas realizadas através da troca.

Ao contrário da visão dos economistas neo-ricardianos e do *mainstream*, não existe 'mistificação' aqui. Valor é objetivo e real e não apenas expresso em dinheiro. A lei do valor de Marx, na qual o trabalho abstrato (medido em tempo de trabalho) explica o valor de troca e os preços, pode ser empiricamente validada.[2]

[2] Cockshott and Cotrell dividiram a economia em um grande número de setores para mostrar que o valor monetário do produto bruto desses setores se correlaciona estreitamente com o trabalho simultaneamente despendido

Existe razão por trás da interpretação de DH. Se o valor é criado apenas no momento da troca por dinheiro e 'é o dinheiro que manda', então será a demanda (efetiva) que irá decidir se o capitalismo pode acumular de maneira regular sem incorrer em crises. Para mostrar isso, DH descreve em detalhes o impacto da acumulação capitalista nas condições e padrões de vida enquanto os capitalistas se empenham para aumentar o mais-valor relativo através da introdução da maquinaria. Ele usa alguns exemplos gráficos fornecidos por Marx no Capítulo 23 do Livro I. DH enfatiza que a acumulação capitalista deseja minimizar o valor da força de trabalho – mesmo que ao nível da miséria. DH conclui que

> "Se esse for um resultado típico da operação da lei capitalista da acumulação de valor então há uma profunda contradição entre condições deteriorantes da reprodução social e a necessidade do capital de perpetuamente expandir o mercado. Como assinala Marx no Livro II de O capital, a verdadeira raiz das crises capitalistas repousa na supressão dos salários e na redução da massa da população à condição de indigentes". (Harvey, 2020, p. 67)

Essa é uma teoria subconsumista das crises.

---

para produzir esse resultado bruto. Anwar Shaikh também fez algo parecido. Ele comparou preços de mercado, valores do trabalho e preços padrões da produção calculada a partir das tabelas de insumo-produto dos EUA e descobriu que os valores médios do trabalho se desviavam dos preços de mercado por apenas 9,2% e que os preços de produção (calculados em taxas observáveis de lucro) se desviavam dos preços de mercado por apenas 8,2%. Lefteris Tsoulfidis e Dimitris Paitaridis investigaram a questão dos desvios preço-valor usando a tabela insumo-produto do Canadá. Eles descobriram que para a economia canadense os resultados são consistentes com a lei do valor de Marx. E G. Carchedi (2018), em um artigo recente, mostrou que a validade da lei do valor de Marx pode ser testada com os dados oficiais dos EUA, que são preços monetários deflacionados de valores de uso. Ele descobriu que as taxas de valor e dinheiro se movem na mesma direção (tendencialmente para baixo) e acompanham um ao outro muito de perto.

Alguns pontos merecem destaque aqui. Primeiro, o Capítulo 23, chamado *A lei geral de acumulação capitalista*, não apenas se refere à pauperização da classe trabalhadora. DH deixa de fora um aspecto muito importante daquela lei geral: a tendência de elevação da composição orgânica do capital[3]. É isso que alavanca o mais-valor relativo, mas também é um fator chave na tendência de queda da taxa de lucro (desenvolvido no Livro III), "a lei mais importante da economia política moderna" (Marx, 2011, p. 626), que estabelece as bases da teoria marxiana das crises. DH ignora esse aspecto.

Mas DH vai além em sua interpretação subconsumista.

> "O valor depende da existência, no interior de uma população de consumidores, de vontades, necessidades e desejos cacifadas pela capacidade de pagar. [...] Também significa que a redução dos salários a quase nada será contraproducente à realização de valor e mais-valor no mercado. Tanto a elevação dos salários como forma de garantir 'consumo racional' do ponto de vista do capital quanto a colonização da vida cotidiana como arena para o consumismo são cruciais para a teoria do valor". (Harvey, 2020, p. 68)

Então DH argumenta que o capitalismo entra em crise por causa da supressão dos salários; então aumentar salários, garantindo "consumo racional", proporcionaria a "capacidade de pagamento"' e com isso o fim das crises.

Essa interpretação subconsumista da teoria marxiana das crises finalmente foi descartada – pelo próprio Marx – em sua famosa nota, no mesmo Livro II ao qual DH se refere:

> "É pura tautologia dizer que as crises surgem da falta de um consumo solvente, ou da carência de consumidores solven-

[3] "A acumulação de capital, que originalmente aparecia tão somente como sua ampliação quantitativa, realiza-se, como vimos, numa contínua alteração qualitativa de sua composição, num acréscimo constante de seu componente constante à custa de seu componente variável" (Marx, 2013, p. 704)

> tes. [...] Que as mercadorias sejam invendáveis significa apenas que não foram encontrados compradores solventes para elas [...]. *Mas caso se queira dar a essa tautologia a aparência de uma fundamentação profunda, dizendo que a classe trabalhadora recebe uma parte demasiadamente pequena de seu próprio produto, de modo que o mal seria remediado tão logo ela recebesse uma fração maior de tal produto e, por conseguinte, seu salário aumentasse nessa proporção, bastará observar que as crises são sempre preparadas num período em que o salário sobe de maneira geral e a classe trabalhadora obtém realiter [realmente] uma participação maior na parcela do produto anual destinada ao consumo.* Já do ponto de vista desses paladinos do entendimento humano saudável e "simples" (!), esses períodos teriam, ao contrário, de eliminar as crises". (Marx, 2014, p. 340. Grifos nossos)

Em minha visão, Marx rejeitava a lei do valor como DH a interpreta e a conclusão de [que] crises [são] causadas por uma incapacidade de pagar pelas "vontades, necessidades e desejos" das pessoas. Mas Marx pode estar errado e DH certo sobre a causa das crises. A evidência empírica, contudo, não favorece DH.

Deixe-me citar apenas três fatos. O primeiro é que o consumo dos trabalhadores não é o maior setor da "demanda" em uma economia capitalista; é o consumo produtivo de capital. A despesa ou produção interna bruta é uma medida da demanda anual por "vontades, necessidades e desejos". Nos Estados Unidos, o consumo parece constituir 70% do PIB. Contudo, se você considerar o "produto bruto" que inclui o valor adicionado de todos os produtos intermediários não contabilizados no PIB, então o consumo é apenas 36% do produto total; o resto constitui a demanda do capital por peças, materiais, bens intermediários e serviços. O investimento dos capitalistas é o fator decisivo e motor da demanda, e não o consumo dos trabalhadores.

Isso é demonstrado no segundo fato. Se analisarmos as mudanças no investimento e consumo anteriores a cada recessão ou queda na economia Norte Americana do pós-guerra, descobrimos que a demanda por consumo teve pouco ou nenhum protagonismo em promover uma contração. Nas seis recessões desde 1953, o consumo pessoal caiu menos que o PIB ou o investimento em cada uma dessas ocasiões e não cai de modo algum entre 1980 e 1982. O investimento caiu de 8 a 30% em cada ocasião.

Gráfico 1

Variação percentual no consumo pessoal (CP), investimento (INV) e PIB em termos reais nos Estados Unidos (em %)

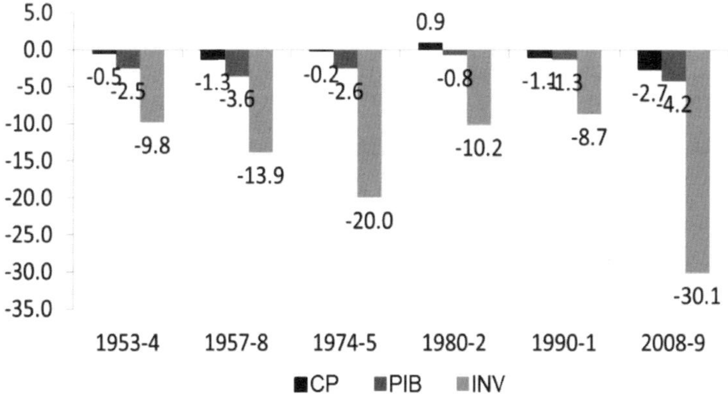

O terceiro fato está diretamente relacionado aos salários e a afirmação de DH de que aumentá-los ajudaria o capital. Carchedi (2018) descobriu que das 12 crises após a Segunda Guerra Mundial, 11 foram precedidas por aumento de salários e apenas uma por redução de salários (a crise de 1991). Isso confirma a visão de Marx (2014, p. 340) na nota do Livro II, citada acima.

A partir do curto artigo de DH eu concluo que seu objetivo é estabelecer um argumento de que as lutas de classes não estão mais centradas ou são decididas entre trabalho e capital no momento da produção do mais-valor. Ao contrário, no "moderno" capitalismo, ela [a luta] deve ser encontrada em outros lugares em seu "circuito do capital" que ele apresenta em seu último livro e em várias apresentações ao redor do mundo. Para DH, é no momento da realização (i.e. sobre os alugueis, hipotecas, manipulação de preços pelas indústrias farmacêuticas, etc.) ou na distribuição (sobre os impostos, serviços públicos, etc.) em que se concentram agora os focos da luta de classes. Agora a luta de classes na produção é menos importante (ou mesmo inexistente).

Em minha visão, para defender isso DH apresenta nesse artigo uma série de confusões teóricas. Primeiro, Marx não tem uma teoria do valor-*trabalho*. Segundo, valor é apenas criado na troca (na realização). Terceiro, a taxa de lucro (ou mesmo o próprio lucro) é irrelevante para as crises: o que importa é o declínio do valor da força de trabalho ao seu mínimo (ou mesmo zero), de modo que trabalhadores fiquem incapazes de atingir suas "necessidades, desejos, etc". Isso se converte em uma teoria subconsumista grosseira – mais grosseira que Keynes.

DH deliberadamente ignora a diferença (e dualidade) entre o trabalho concreto e o abstrato, e sua contraparte, o valor de uso e o valor de troca. A natureza dual do valor em uma mercadoria, como Marx descobriu, é reduzida por Harvey à falta de capacidade dos trabalhadores para adquirir seus valores de uso. Para DH o valor de uso (necessidades e desejos) é a chave, não o valor de troca nem o valor. A teoria marxiana das crises (baseada no insuficiente mais-valor) é substituída por insuficientes valores de uso para trabalhadores como consumidores. A sobre-acumulação é substituída por subconsumo. A luta de classes vem a ser não entre trabalhadores e capitalistas; mas entre consumidores e capitalistas ou contribuintes e governos.

Essa não é a visão de Marx. Toda essa abordagem é, principalmente, confusa para uma análise e estratégia de classe para a luta da classe trabalhadora.

Referências bibliográficas

Carchedi, Guglielmo. The old is dying but the new cannot be born: on the exhaustion of Western Capitalism. In: Carchedi, G.; Roberts, M. (orgs.). *World in crisis: a global analysis of Marx's Law of Profitability*. Chicago: Haymarket Books, 2018.

Harvey, David. *A loucura da razão econômica*: Marx e o capital no século XXI. São Paulo: Boitempo, 2018.

_____. A recusa de Marx da teoria do valor-trabalho. *Outubro*, n. 34, 2020.

Marx, Karl. *O capital*: *crítica da economia política, Livro I*. São Paulo: Boitempo, 2013.

_____. *O capital*: *crítica da economia política, Livro II*. São Paulo: Boitempo, 2014.

_____. *Grundrisse: manuscritos econômicos de 1857-1858*. Esboços da crítica da economia política. São Paulo: Boitempo, 2011.

Smith, *Murray. Invisible Leviathan:* Marx's law of value in the twilight of capitalism. Leiden: Brill, 2018.

As incompreensões de Michael Roberts[1]

David Harvey
Professor de Geografia Urbana da
City University of New York (CUNY)

[1] Artigo publicado originalmente no blog *The Next Recession*. Tradução de Álvaro M. Siqueira. Revisão técnica de Leonardo Leite.

Resumo: Nesta pequena réplica, David Harvey dá seguimento ao debate com Michael Roberts, que divulgou um texto crítico ao artigo de Harvey intitulado "A recusa de Marx da teoria do valor". Harvey afirma que, ao contrário do que diz Roberts, não entende que o valor é criado no mercado, mas sim que o valor criado na produção pode ser apenas valor potencial, até o momento em que é realizado. Harvey procura rebater a acusação de subconsumista defendendo que a sua posição, na realidade, se contrapõe ao que chama de interpretação produtivista excludente. Para isso, chama atenção para a história da criação de vontades, necessidade e desejos e, consequentemente, para a valorização das lutas relacionadas no âmbito da distribuição e da realização. Conclui a réplica afirmando que outras questões importantes do âmbito da distribuição devem ser consideradas.

Palavras-chave: 1. Karl Marx; 2. Teoria do valor; 3. Crise do capitalismo.

Abstract: In this short reply, David Harvey get on with the debate with Michael Roberts, who released a critical text on Harvey's "Marx's Refusal of Value Theory". Harvey argues that, unlike Roberts claims, he does not understand value as created in the marketplace but maintains that the value created in production can only be potential value until it is realized. Harvey seeks to drive away the accusation of being a subconsumist. To this end, calls attention to the history of the creation of wills, necessities and desires and, consequently, defends the valorization of the related struggles in the scope of distribution and realization. The reply ends with Harvey stating that other important issues in the scope of distribution must be considered.

Keywords: 1. Karl Marx; 2. Value Theory; 3. Capitalism crisis

Existem, obviamente, algumas questões importantes para discussão sobre a teoria do valor de Marx e eu espero que um diálogo com Michael Roberts possa ajudar a esclarecê-las. Antes de chegar a elas, preciso remover uma série de deturpações e leituras equivocadas da minha posição na resposta de Roberts. Vou ser claro. Valor é sempre criado no ato de produção. Mas é realizado no momento da troca mercantil. Eu, portanto, penso em valor nos termos do que Marx chama de "*a unidade contraditória de produção e realização*"[2]. Valor não pode ser produzido pela troca mercantil. Mas ele não pode ser realizado fora da troca mercantil. Marx é claro o suficiente quanto a isso.

[2] N. da T.: Harvey não indica de qual obra extraiu a citação de Marx, a qual é título de um capítulo de seu livro "As dezessete contradições do capital". Encontramos uma passagem similar na tradução inglesa dos *Grundrisse*, onde Marx (1973, p. 333) se refere ao valor da seguinte forma: "The main point here – where we are concerned with the general concept of capital – is that it is this *unity of production and realization*, not *immediately* but only as a *process*, which is linked to certain conditions, and, as it appeared, *external* conditions". Contudo, essa mesma passagem foi traduzida no Brasil por Mario Duayer e Nélio Schneider como: "O que importa aqui – onde é considerado o conceito geral do capital – é que ele não é *essa unidade de produção e valorização* de maneira *imediata*, mas só como um *processo* ligado a condições que, como vimos, são condições *externas*" (Marx, 2011, p. 331).

A essência do valor é o trabalho abstrato ou, conforme eu prefiro chamá-lo, "tempo de trabalho socialmente necessário". Roberts obviamente está certo ao dizer que a definição de Marx é totalmente diferente daquela do trabalho concreto que Ricardo postulou. Não importa se dizemos "trabalho abstrato" ou "socialmente necessário", contudo, a responsabilidade reside em explicar a maneira pela qual a abstração é feita e como o socialmente necessário deve ser entendido. A resposta para tais questões deve ser fundamentada em processos materiais e não construída através de exercícios idealistas. Então, por qual processo materialista o valor é construído, se ele não é "imanente" às mercadorias, mas historicamente criado?

A resposta é dada no ponto de partida de Marx (2013) em *O capital*, que é o ato material idealizado da troca mercantil. Se o capitalista leva uma mercadoria ao mercado e não existe vontade, necessidade ou desejo por ela, então o trabalho cristalizado nela é socialmente desnecessário e ela não tem, portanto, valor (é isso que Marx (2013) diz no final da primeira seção do primeiro capítulo de *O capital*[3]). Isso não significa que o valor é criado no mercado (coisa que Roberts erroneamente me acusa de dizer). Mas – e esse sim pode ser meu modo peculiar de considerar a coisa – assumo que o valor criado na produção seja apenas valor potencial até o momento em que ele é realizado. Uma maneira alternativa seria dizer que o valor é produzido, mas perdido se não houver demanda para ele no

[3] N. da T.: Harvey provavelmente se refere à seguinte passagem de Marx (2013, p. 118-119, grifos nossos): "Uma coisa pode ser valor de uso sem ser valor. É esse o caso quando sua utilidade para o homem não é mediada pelo trabalho. Assim é o ar, a terra virgem, os campos naturais, a madeira bruta etc. Uma coisa pode ser útil e produto do trabalho humano sem ser mercadoria. Quem, por meio de seu produto, satisfaz sua própria necessidade, cria certamente valor de uso, mas não mercadoria. Para produzir mercadoria, ele tem de produzir não apenas valor de uso, mas valor de uso para outrem, valor de uso social [...]. Por último, nenhuma coisa pode ser valor sem ser objeto de uso. Se ela é inútil, também o é o trabalho nela contido, não conta como trabalho e não cria, por isso, nenhum valor".

mercado. Nesse caso, precisaríamos construir uma forte teoria da desvalorização para explicar o que acontece no âmbito do mercado. Desvalorização raramente aparece nas considerações de Roberts e não tem papel na sua réplica. Dado meu interesse na relação entre valor e não-valor ou antivalor essa última formulação pode também se aplicar a mim. Seja como for, penso que é inegável que o estado de vontades, necessidades e desejos sustentado pela capacidade de pagar tenha um papel importante na sustentação da circulação do capital. Isso não significa, como Roberts várias e várias vezes infere, que esse é o único fator relevante na formação de crises. Em várias ocasiões eu fiz de tudo para dizer que esse é apenas um momento importante da circulação de capital quando há possibilidade de ocorrer desvalorizações (algumas vezes, mas nem sempre, na proporção de crises).

Mas Roberts ama me relegar várias e várias vezes àquela categoria pejorativa de subconsumista sempre que eu menciono tais assuntos. Foi Marx (2017, p. 463), não eu, que disse [que] "a real raiz das crises" reside no declinante poder de compra das classes trabalhadoras[4], e se eu cito Marx nesse ponto é porque ele é um bom antídoto para todos aqueles que incansavelmente citam a queda da taxa de lucros. Crises, eu argumentei, podem vir em muitas formas e contornos. A queda da taxa de lucros ou um colapso da demanda dos consumidores são duas entre as muitas explicações [possíveis] (noto de passagem que em seus comentários sobre as crises de 1847 e 1857 – crises que tinham uma semelhança excepcional com a de 2007-8 – Marx descrevia as crises como crises comerciais e financeiras sem nenhuma menção à queda da taxa de lucros ou à demanda insuficiente dos consumidores).

[4] N. da T.: Harvey provavelmente se refere à seguinte passagem: "A razão última de todas as crises reais é sempre a pobreza e a restrição ao consumo das massas em contraste com o ímpeto da produção capitalista a desenvolver as forças produtivas como se estas tivessem seu limite apenas na capacidade absoluta de consumo da sociedade" (Marx, 2017, p. 463).

Minha objeção a qualquer interpretação produtivista excludente (para usar uma caracterização pejorativa à altura!) é que ela deixa de lado toda a história de criação de vontades, necessidades e desejos (sobretudo a mecânica para garantir a capacidade de pagamento) na história da acumulação de capital. Penso que devemos dar muito mais atenção a esse aspecto das coisas. Isso não significa que eu minimizo, nego ou refuto todo o esforço que está sendo feito quanto ao processo de trabalho e a importância da luta de classes que tem ocorrido e continua a ocorrer na esfera da produção. Mas é preciso que essas lutas sejam relacionadas às lutas pela realização, distribuição (por exemplo, extrações de renda, execuções de dívidas hipotecárias), reprodução social, ao gerenciamento da relação metabólica com a natureza e às dádivas [*free gifts]* da cultura e da natureza. Tudo isso está amplamente representado nos recentes movimentos anti-capitalistas e eu insisto que os levemos a sério, junto com o foco mais tradicional na esquerda marxista favorecendo a luta de classes no âmbito da produção como um momento chave da luta. É por isso que penso que o diagrama que ofereço da circulação e a definição de capital como valor em movimento é tão important*e*[5]. Estranho ter tudo isso descartado na citação de Murray Smith (2018, p. 76) como "pensamento circular"!

Essa perspectiva abre algumas interessantes linhas de pensamento e pontos de divergência. A concepção de Marx sobre disputas pela duração do dia de trabalho e as forças que impulsionam as mudanças tecnológicas e organizacionais na busca de mais-valor relativo dependem todas das "leis compulsórias da concorrência" (Marx, 2013, p. 391). Esse termo aparece em vários pontos chave do argumento de Marx ao longo de *O capital*. Aonde essa força é mobilizada e mais claramente percebida? É claro que no mercado! Não podemos entender o que acontece no reino da produção (nem na reprodução social, aliás) sem que as forças do mercado estejam em cena. São as

[5] Ver Harvey (2020) no presente volume (N. da T.)

leis coercitivas da concorrência no mercado que autorizam o reinvestimento capitalista, o prolongamento do dia de trabalho, etc.

Mas isso leva de volta a como Marx estabelece a abstração do valor – que, a propósito, na concepção de Marx é uma relação social, portanto "imaterial mas objetiva" e não "imanente" e "real" como a citação de Murray Smith (2018) propõe "na objetividade de seu valor não está contido um único átomo de matéria natural" diz Marx (2013, p. 125); O valor emerge não como um produto do pensamento mas como o produto de um processo material histórico. O estudo de Marx (2013) das formas equivalente e relativa do valor leva à generalização da troca que fundamenta a ascensão do valor como uma norma regulatória operando no mercado, e é essa norma regulatória do valor que então volta para dominar comportamentos não apenas no mercado, mas também no reino da produção e reprodução social. Essa é uma operação muito dialética feita por Marx, mas comumente encontrada em sua obra. Somente dessa forma podemos, por exemplo, entender como os trabalhadores fazem o capital, que então retorna para dominá-los e como podemos todos nos tornar prisioneiros de nossos próprios produtos (cuidado, acadêmicos!).

Por fim, deixe-me comentar sobre o exemplo empírico no qual Roberts reduz a demanda final de 70 para 30 por cento do PIB. Certamente, há a complicada questão de como lidar com as relações de valor ao longo das cadeias de mercadorias (há um trabalho interessante de Starosta (2010) sobre Cadeias de Mercadorias e a Teoria do Valor de Marx na *Antipode*). Mas imagine uma situação na qual o minério de ferro é minerado e a companhia de mineração produz valor e mais-valor, que é realizado através da venda para uma companhia que produz metal, que realiza mais valor e mais-valor através da venda para uma montadora, que produz ainda mais valor e mais-valor que é realizado pela venda de automóveis para os consumidores finais, que querem e precisam de um automóvel e tem o dinheiro para comprar um. O valor do automóvel é todo o trabalho abstrato acumulado no passado. Suponha que por alguma razão os consumidores finais não podem pagar ou estão saturados de carros. Então todo o valor acumulado é perdido (desvalorizado). Na prática, como Marx observou, a cadeia de pagamentos pode levar um tempo para ter efeito, mas quando isso ocorre então todo o valor de produção na cadeia desaparece.

É claro, pode-se imaginar todos os tipos de cenários. Mas a questão aqui é que ninguém além de loucos e especuladores irão desejar acumular metal na ausência de um mercado para isso. Então o que acontece com o valor nesse contexto se torna preocupante e a exposição de Roberts faz parecer que o investimento na produção de meios de produção é independente da demanda final e que possa ocorrer sem levar em conta as condições do mercado. É claro, existem certos tipos de investimentos com todos os tipos de defasagens (capital fixo e infraestruturas) como a superprodução chinesa de cidades financiada ao se dobrar a inadimplência, onde as coisas são bem complexas (como eu sublinhei no capítulo final do livro sobre a loucura da razão econômica). Mas de todo modo para mim o exemplo empírico de Roberts não é capaz de qualquer esclarecimento sobre por que a realização e políticas de realização são irrelevantes ou no melhor dos casos secundárias em relação às ações principais no âmbito da produção.

Com tudo isso considerado, ainda temos que abordar questões espinhosas sobre dinheiro e as políticas de distribuição, juntamente com a circulação de capital portador de juros em relação com a teoria do valor. Bancos podem produzir valor? Eles claramente estão produzindo cada vez mais representações do valor... Eles também são meramente secundários?

Referências bibliográficas

HARVEY, David. A recusa de Marx da teoria do valor-trabalho. *Outubro*, n. 34, 2020.

MARX, Karl. *Grundrisse*. Tradução de Martin Nicolaus. Londres: Penguin Books, 1973.

_____. *O capital*: crítica da economia política, Livro I. São Paulo: Boitempo, 2013.

_____. *O capital*: crítica da economia política, Livro III. São Paulo: Boitempo, 2017.

_____. *Grundrisse*: manuscritos econômicos de 1857-1858 - Esboços da crítica da economia política. São Paulo, Boitempo, 2011

SMITH, Murray. *Invisible Leviathan*: Marx's law of value in the twilight of capitalism. Leiden: Brill, 2018.

STAROSTA, Guido. Global commodity chains and the Marxian law of value. *Antipode*, v. 42, n. 2, p. 433-465, 2010.

Do valor em Marx: Harvey e Roberts

Eleutério F. S. Prado
Professor titular do Departamento de Economia da Universidade de São Paulo

José Paulo Guedes Pinto
Professor do curso de Relações Internacionais da Universidade Federal do ABC

Resumo: O presente artigo de Eleutério Prado e José Paulo Guedes é um importante comentário sobre o debate entre David Harvey e Michael Roberts, republicado na presente edição da revista Outubro. A discussão central para os autores gira em torno da leitura sobre o valor em Marx, problematizando como esse "mal-entendido" entre Harvey e Roberts engendra também uma dificuldade para ler e interpretar as crises do modo de produção capitalista.

Palavras-chave: 1. David Harvey; 2. Michael Roberts; 3. Crise do capitalismo.

Abstract: The following paper from Eleutério Prado and José Paulo Guedes is an important comment on the debate between David Harvey and Michael Roberts, published in the present edition of Outubro. The main discussion for Prado and Guedes is around the idea of value in Marx, questioning how this misunderstanding between Harvey and Roberts generates also a difficulty for reading and interpreting the crisis of the capitalist mode of production.

Keywords: 1. David Harvey; 2. Michael Roberts; 3. Capitalism crisis.

Esta nota – cujas teses nada tem de original – expõe um comentário sobre um pequeno texto de David Harvey, *A recusa de Marx da teoria do valor-trabalho* (2020), assim como sobre a crítica que lhe foi endereçada por Michael Roberts, *A incompreensão de David Harvey sobre a lei do valor de Marx* (2019); versa, em adição, sobre a posterior réplica de Havey (2019) dirigida à resposta de Roberts.

Harvey, um renomado marxista, indica em seu texto que Marx nunca fizera qualquer referência à teoria do valor-trabalho em suas obras, mas apenas à teoria do valor. A primeira, segundo ele, teria de ser atribuída exclusivamente à Ricardo. Posto isso, pergunta: "o que há de distintivo na teoria do valor de Marx e no que ela difere da teoria do valor-trabalho?" (HARVEY, 2020)· Após ter mostrado alguns "estágios" da teoria exposta em *O capital*, afirma ao final de seu artigo que "a forma valor de Marx (...) não pode ser compreendida como um fulcro imóvel e estável no mundo turbulento do capital; trata-se de uma métrica instável e em constante mudança, que é empurrada para lá e para cá pela anarquia das trocas mercantis" (Ibid.).

Roberts, igualmente crítico do capitalismo, em sua resposta, faz notoriamente algumas críticas equivocadas ao texto do primeiro. Por exemplo, segundo seu artigo nesta edição, Harvey interpreta "a teoria de Marx como se o valor fosse criado apenas na troca". Ele não teria compreendido que "Ricardo tinha uma teoria do valor (de uso) baseada no 'trabalho concreto' (...) medido em tempo de trabalho", enquanto que "a lei do valor de Marx estava baseada no 'trabalho abstrato' (valor mensurado pelo tempo de trabalho quando testado 'socialmente' no mercado)".

É bem claro para o leitor atento dessa controvérsia que Harvey não discorda de Roberts sobre esses pontos elementares: para ambos – como também para Marx –, o valor é criado na produção pelo trabalho abstrato, sendo então realizado na circulação.

Roberts assinala, entretanto, um ponto central de divergência com o seu antagonista quando menciona que Harvey questionara implicitamente a "validade empírica" da teoria do valor de Marx. A sua leitura é aqui correta, já que Harvey fala explicitamente numa "métrica instável" que, em consequência, seria de difícil ou mesmo de impossível apreensão empírica. Porém, o primeiro crítico parece não perceber que uma medida diretal do "valor-trabalho" só pode ser feita a partir dos tempos de trabalhos concretos gastos na produção da mercadoria, já que somente como tais podem ser observados no mundo real. Agora, é certo que a circulação, segundo a teoria original, testa se o tempo de trabalho dispendido produziu valores de uso efetivos e se o fez numa medida adequada. Assim, a circulação – ou seja, o mercado – sanciona ou não o tempo de trabalho gasto na produção da mercadoria.

---

[1] Harvey, pensando a teoria de Marx como mera construção intelectual, diz: "o valor não pode existir sem sua representação" (2020), ou seja, o dinheiro. Roberts, pensando a teoria de Marx como espelho fiel do sistema econômico real, diz: "(...) não existe mistificação aqui. Valor é objetivo e real, e não apenas expresso em dinheiro". Diz isso, para concluir que "A lei do valor de Marx (...) pode ser empiricamente validada" (Ver seu artigo nesta edição). Ora, é bem sabido que a teoria de Marx não está no campo da ciência positiva, mas da apresentação dialética (ver em sequência). Em *O capital*, o valor "interno" da mercadoria se expressa externamente no valor de uso do dinheiro; como tal ele é suprassensível.

Ora, estudantes atentos de graduação em Economia sabem que David Ricardo distinguira, tal como Adam Smith, o preço natural do preço de mercado. E que formulara, tendo por referência o primeiro deles, uma teoria do valor de troca (e não do valor de uso) baseada no "trabalho incorporado" na produção, o qual indicou expressamente como valor – distinguindo-o, portanto, do valor de troca. Considerara, ademais, este valor como estável – ou seja, como um padrão (quase) invariável – em muitas circunstâncias. Portanto, Ricardo – e Marx que o segue neste primeiro ponto[2] – não considerara o valor, enquanto tal, como uma "métrica instável" – ainda que certamente evolva e mude no andamento do processo da produção[3]. Ricardo, ademais, admitira – mas Marx não o acompanhará neste segundo ponto – que esse valor poderia ser identificado com a média dos tempos de trabalho concretos.

É adequado dizer que, para Marx, o valor não é qualitativamente trabalho concreto e incorporado na mercadoria, mas trabalho abstrato; este, entretanto, não é injetado fisicamente na mercadoria como Roberts parece acreditar. Trata-se, isto sim, de uma determinação puramente social das mercadorias no modo de produção capitalista; o quantum de valor, por outro lado, é sim dado pelo tempo de trabalho socialmente necessário para produzi-las. A abstração referida no texto de Marx é uma redução e não uma generalização; trata-se, pois, de uma medida posta pelo processo social sem que os atores sociais o saibam, mesmo se são eles que a põem. Apesar de existir verossimilhança entre os textos dos dois autores e o texto do próprio Marx, é bem óbvio, que os escritos dos seguidores aqui examinados estão permeados por imprecisões.

---

[2] Ver Antunes (2008) para obter uma compreensão mais rigorosa da relação entre Marx e Ricardo.

[3] Se o valor fosse uma métrica instável como quer Harvey não seria adequado tratá-lo como um "centro de gravidade" em torno do qual "orbitam" irregularmente os preços de mercado.

A questão da instabilidade ou da relativa estabilidade da forma valor, como se sabe, Marx resolve dialeticamente, ou seja, pondo a contradição entre preço e valor, isto é, apresentando essas categorias como determinações reflexivas; eis que, como bem se sabe, afirma que "a divergência entre preço e a grandeza do valor é (...) inerente à forma preço. Isso não é um defeito dessa forma, mas a torna, ao contrário, a forma adequada a um modo de produção em que a regra somente pode impor-se como lei cega da média à falta de qualquer regra" (Marx, 1983, p. 92). Ora, se é lei e regra, tem de manter alguma estabilidade frente à forte instabilidade dos preços de mercado.

Como nas duas primeiras páginas de *O capital*, Marx mostra que os valores de uso e, assim, as suas utilidades, são incomensuráveis entre si, para ele, falar em valor-trabalho no contexto de sua exposição soa simplesmente como redundância. Ele não vê, tal como muitos atualmente veem, a alternativa de uma suposta teoria do valor-utilidade. Logo, Harvey está certo quanto a esse ponto, mas chega a ele – crê-se aqui – por meio de uma tese errada. Veja-se, pois, o seguinte argumento.

Se a lei do valor significa que a razão dos preços naturais das mercadorias é idêntica à razão dos seus valores, é bem certo que Ricardo e Marx sabiam que ela não valia e não poderia valer estritamente no mundo real. Tinham plena consciência de que ela era negada pela lei tendencial da igualação da taxa de lucro quando a composição do capital (para Ricardo, entre o capital fixo e circulante e, para Marx, entre o capital constante e o capital variável) divergia entre os setores da produção de mercadorias. E, assim, sabiam eles que essa suposição podia ser assumida apenas para fins teóricos ou expositivos. Ricardo, em especial, achava que era possível usá-la em sua teoria – movida por uma intenção pragmática clara – porque valia aproximadamente no funcionamento do sistema econômico.

É evidente, também, que o valor (ou o preço de produção no Livro III) não se manifesta enquanto tal para o crítico da economia política, mas desponta nos mercados apenas por meio da flutuação dos valores de troca (e dos preços de mercado). Dizendo de outro modo, manifesta-se por meio de relação mutável da mercadoria vendida com o dinheiro. Na verdade, o valor (ou o preço de produção no Livro III) é um 'centro de gravidade' que aparece no mundo social de modo objetivo, ainda que implicitamente, como um atrator dos preços de mercado que nunca param de oscilar anarquicamente.

O mesmo ocorre – note-se – no campo do mundo físico, com a ação da gravidade. Esta também se mostra indiretamente nos variados pesos das coisas e nas quedas não idênticas dos corpos no ar. Como se sabe, Marx não recusa a metáfora do centro de gravidade de Smith, adotada também por Ricardo. Toma a categoria "valor" como o conteúdo intrínseco da "forma preço" – algo extrínseco – e, portanto, como sua negação determinada. Ou seja, só é possível determinar o valor de uma mercadoria por meio de seu preço, uma forma que o nega, que constantemente o indetermina, que representa o seu "não-ser". O concreto do valor das mercadorias e do capitalismo "é concreto porque é a síntese de múltiplas determinações, portanto, unidade da diversidade (Marx, 2011, p. 77).

Parece importante mencionar nesse momento que esses dois marxistas impenitentes não são bons amigos da dialética. Harvey (2016, p. 28), em particular, afirma do valor de uso e do valor de troca que eles "costumam estar em conflito" e que, por isso, "constituem uma contradição que, de vez em quando, pode provocar uma crise". Assim, ele enleia algo da esfera fenomênica (o conflito) com algo inerente à estrutura social (a contradição marxiana). Deriva a contradição do conflito, esquecendo-se que podem estar em estado de incongruência na prática; ou seja, que pode haver contradição sem que o conflito se manifeste.

Ora, a relação de mercadoria que aparece na troca (20 varas de linho = 1 casaco) expressa uma relação social de coisas – algo estrutural que figura no mercado misteriosamente. Esta relação, forma particular de uma relação de troca em geral, é contraditória porque expressa uma igualação de valores de uso distintos e incomensuráveis entre si, pondo implicitamente uma igualação de valores gerados, separadamente, na produção mercantil.

Enquanto vendedores, cada um dos atores sociais quer realizar o valor de sua mercadoria que, para ele é não-valor de uso; enquanto compradores, cada um deles quer obter um valor de uso de que necessita – ou seja, um não-valor. Entre ambos, simultaneamente compradores e vendedores de mercadorias, como se sabe, pode haver acordo ou conflito no correr do processo de barganha. Aconteça o que acontecer a esse respeito, a contradição interna à mercadoria entre valor e valor de uso permanece existindo. Como se sabe, ademais, ela se desdobra na contradição externa entre duas mercadorias, uma das quais se apresenta na forma relativa e a outra na forma equivalente. Mas é evidentemente possível mostrar esse ponto de uma maneira ainda mais clara.

Conforme Marx, há também contradição na relação de capital, isto é, na relação de troca entre o capital e o trabalho assalariado e, assim também, entre os proprietários privados do capital monetário e os proprietários da mercadoria força de trabalho. Porém, mesmo sendo assim – note-se –, é bem possível que os trabalhadores possam não estar em conflito com os capitalistas; eis que eles podem chegar a um acordo circunstancial que é, por eles mesmos, considerado bom – bom supostamente para ambas as partes. Por outro lado, os trabalhadores podem entrar em conflito entre si, mesmo se, enquanto tais, não se encontram numa relação estrutural de contradição. É evidente, por outro lado, que a contradição estrutura acima referida, ao fim e ao cabo, manifesta-se como luta de classes; porém, como se sabe, ela pode permanecer em potência por muito tempo.

Tanto Harvey quanto Roberts concordam que o trabalho abstrato é criador de valor. Mas o que deve se entender por "trabalho abstrato"? No artigo desta edição, Roberts diz expressamente que "valor é trabalho humano físico e mental despendido que, então, é abstraído pelo processo de produção social para o mercado". Por meio de uma citação de Murray Smith, explica que o "trabalho fisiológico é tanto formador de utilidade como criador de valor" (Smith, 2018, p. 76). Harvey não parece discordar. Ora, como se sabe, essas afirmações não são corretas (Fausto, 1983, cap. 3).

Marx emprega três noções de trabalho abstrato em *O capital*: em geral, fisiológico e abstrato-real. O trabalho em geral indica uma abstração subjetiva, ou seja, o trabalho enquanto gênero das espécies de trabalho: pedreiro, carpinteiro, pintor etc. O trabalho fisiológico consiste em uma abstração objetiva – característica genérica – já que todo trabalho requer um gasto efetivo de nervos, músculos, cérebro etc. Como tal, essa abstração é apenas um pressuposto da abstração que cria o valor. Pois, esta última – denominada por Marx de abstração real – vem a ser (enfatiza-se) uma redução que a própria sociabilidade em andamento faz a todo momento para equiparar trabalhos diferentes. É ela, e somente ela, que põe o trabalho como medida e, portanto, como valor. É dita real porque é posta pelo processo social "cego" da produção e reprodução mercantil generalizada, ou seja, sem que os agentes o saibam. O próprio Marx, como é bem sabido, afirmou: ao atuarem no processo econômico, os agentes "não o sabem, mas o fazem" (Marx, 1983, p. 72).

Ambos os autores falam da teoria de Marx, mas parecem não ter clareza ou mesmo não saber nada sobre o método que ele emprega. Harvey, na presenta edição, diz que o "ponto de partida" de *O capital* "é o ato material idealizado da troca mercantil". De fato, como se sabe, Marx não começa pelo "ato de troca", mas pela forma elementar "mercadoria", ou seja, pela relação social reificada nela representada. Eis que ela aparece – enfatiza – como a forma fundamental da riqueza no modo de produção capitalista. Em consequência, ela aparece aí como um momento abstrato do concreto efetivo – e não como uma idealização.

A totalidade social é, para Marx, um complexo de múltiplas determinações. O concreto para Marx, como se sabe, "aparece no pensamento como processo de síntese, como resultado, não como ponto de partida" (Marx, 2011, p. 54). Assim, o método marxiano não é um proceder externo que se aplica ao objeto do conhecimento, mas o apreender em conceito o próprio movimento dele enquanto tal. Os autores aqui discutidos, pois, parecem desconhecer o que vem a ser uma "apresentação ou exposição dialética". É, pois, necessário relembrar esse ponto.

Depois de indicar que o uso desse último termo foi reduzido na prática teórica dos marxistas "a um adjetivo pleonástico que qualifica um substantivo inexistente", Müller (1982) diz que ele "indicava para Hegel e para o Marx de *O capital* a explicitação racional imanente do próprio objeto e a exigência de só nela incluir aquilo que foi adequadamente compreendido". A exposição aludida é, pois, exposição do conceito. Para Hegel, como se sabe, este é "o próprio si mesmo do objeto, representado em seu devir" (Hegel, 2011, p. 35) e, para Marx, consiste na "reprodução do concreto por meio do pensamento" (Marx, 2011, p. 54) – também em seu devir, pode-se acrescentar.

Harvey e Roberts se desencontram mesmo num ponto crucial, qual seja ele, a questão da compreensão das crises do capitalismo. Enquanto o primeiro aponta sempre que há muitas causas, o segundo insiste numa causa única, a queda da taxa de lucro. Ambos se atêm, pois, à causalidade eficiente que, para a dialética que vem de Hegel e de Marx, é aquele operar raciocinativo que estabelece conexões externas entre os fenômenos. Trata-se de uma categoria chave do entendimento, daquela instância do pensamento que separa as coisas e que as vincula externamente, não percebendo que há ação recíproca entre elas. Pois, mantém como separadas coisas que estão unidas – e que são, por isso, momentos de um todo em processo de desenvolvimento – no interior de um sistema estruturado por relações implícitas[4].

[4] Ousa-se aqui fazer uma citação de Hegel (com um pequena modificação), autor sempre muito difícil de compreender: Enquanto a dialética mantém

Assim, Harvey assenta que "a verdadeira raiz das crises repousa na supressão dos salários e na redução da massa da população à condição de indigentes" (HARVEY, 2020)". Roberts considera que, se ele faz essa afirmação, é porque aponta o subconsumo como a causa principal das crises: assim sendo, "então será a demanda (efetiva) que irá decidir se o capitalismo pode acumular de maneira regular sem incorrer em crises". Harvey, segundo ele, despreza "um aspecto muito importante da lei geral: a tendência de elevação da composição orgânica do capital (...) que é um fator chave na tendência de queda da taxa de lucro". O próprio Harvey, então, retruca que "as crises podem vir em muitas formas e contornos. A queda da taxa de lucros ou um colapso da demanda dos consumidores são duas entre as muitas explicações".

É preciso ir mais longe, notando, em adição, que a ação recíproca – que é assimétrica, em geral – encontra-se ancorada na natureza das coisas; no objeto aqui considerado, ela está fundada na natureza evolvente e turbulenta do modo de produção capitalista.

Sendo bem sintético, a crise, para Marx, já está presente como possibilidade na contradição entre valor de uso e valor e, mais precisamente, na contradição entre a mercadoria e o dinheiro. Eis que uma e outro podem se desencontrar. A crise advém, pois, das contradições internas do processo de produção capitalista que, como se sabe, é unidade do processo de trabalho e de formação do valor, assim como do processo de criação de valores de uso e de valorização capital. Sendo enfático, unidade aqui é unidade de contrários que guardam certo antagonismo entre si – um equívoco do ponto de vista do entendimento, ou seja, do pensamento regido pela lógica formal.

"os dois momentos em sua unidade imediata, o entendimento – ao qual o conceito de força pertence – é o conceito propriamente dito, que sustem os momentos distintos como distintos, pois na força mesma não devem ser distintos, a diferença, portanto, está só no pensamento" (HEGEL, 2011, p. 97).

Como o capitalismo visa a valorização do valor e não o atendimento das necessidades por meio da oferta de valores de uso, é certo que, para Marx, o baixo poder de compra das classes trabalhadoras é, sim, uma condição perene das crises. Não há dúvida, também, que nas crises sempre ocorre superprodução de mercadorias, o que logo aparece nas estatísticas, de um lado, como excesso de capacidade produtiva e, de outro, como desocupação da força de trabalho. Se, em certas circunstâncias excepcionais, aumenta muito o poder da classe trabalhadora para elevar os salários, isto pode produzir uma crise eventual de aperto nos lucros.

Caso haja uma expansão desmedida de crédito e a formação de uma imensa bolha formada por dívidas impagáveis, pode ocorrer uma crise que ameaça colapsar o sistema de crédito – e com ele o sistema econômico como um todo. A reprodução do valor em escala crescente pode, sim, enfrentar obstáculo que ela mesma põe; eis que o crescimento da composição orgânica do capital imprime uma tendência de decrescimento na taxa de lucro – tendência esta que, como bem se sabe, pode também ser contrariada por outras tendências. A importância desta última, entretanto, não é que condiciona inexoravelmente todas as flutuações cíclicas, mas que anuncia – julga-se aqui – uma tendência imanente ao movimento expansivo do capital por meio do qual o capitalismo torna-se cada vez mais inviável no longo prazo.

Se, como escreveu Guimarães Rosa, "trupicar ajuda a caminhar", a leitura desses três textos de Michael Roberts e de David Harvey pode eventualmente permitir que se compreenda melhor a teoria do valor de Marx.

Referências bibliográficas

Antunes, Jadir. A crítica de Marx à epistemologia de Ricardo. *Revista de Filosofia, Aurora*, v. 20, n. 26, 2008.

Fausto, Ruy. *Marx: Lógica e Política* – Tomo I. São Paulo: Brasiliense, 1983.

Grespan, Jorge. *Marx e a crítica do modo de representação capitalista*. São Paulo: Boitempo, 2019.

Harvey, David. A recusa de Marx da teoria do valor-trabalho. *Outubro,* n. 34, 2020.

_____. A incompreensão de Michael Roberts. *Outubro*, n. 34, 2020.

_____. *17 contradições e o fim do capitalismo*. São Paulo: Boitempo, 2016.

Hegel, G. W. F. *A fenomenologia do Espírito*. São Paulo: Editora Vozes, 2011.

Marx, Karl. *O capital. Crítica da Economia Política*. São Paulo: Abril Cultural, 1983.

_____. *Grundrisse*. São Paulo: Boitempo, 2011.

Müller, Marcos L. Exposição e método em "O capital". *Boletim Seaf*, n. 2, Belo Horizonte, 1982.

Prado, Eleutério F. S. Uma crítica a Michael Roberts em seu questionamento da Teoria monetária moderna" *Blog Economia e Complexidade*, mai. 2019.

Roberts, Michael. A incompreensão de David Harvey da teoria do valor de Marx. *Outubro*, n. 34, 2020.

Desventuras do marxismo tradicional

Mário Duayer
Professor Aposentado da
Universidade Federal Fluminense

Paulo Henrique F. de Araujo
Professor Associado da Faculdade de
Economia da Universidade Federal Fluminense

Resumo: O presente artigo tem por objetivo discutir as categorias marxianas de mercadoria, valor de uso, valor, valor de troca e fetiche da mercadoria presentes na interpretação oferecida por David Harvey do pensamento de Karl Marx. Em seguida, aborda o debate que esta interpretação suscitou com Michael Roberts a respeito da dinâmica do modo de produção capitalista ontem e hoje.

Palavras-chave: 1. Karl Marx; 2. Valor; 3. Mercadoria

Abstract: This article aims to discuss the Marxian categories of commodity, use value, value, exchange value and fetish of the commodity present in David Harvey's interpretation of Karl Marx's ideas. Then, it addresses the debate that this interpretation raised with Michael Roberts regarding the dynamics of the capitalist mode of production yesterday and today.

Keywords: 1. Karl Marx; 2. Value; 3. Commodity

Não há dúvidas de que o debate entre David Harvey e Michael Roberts toca em questões relevantes para a tradição marxista. A nosso ver, não obstante as divergências que motivaram o debate, a análise dos autores deixa patente a sua total convergência em um ponto fundamental: para a tradição marxista, ou para a crítica marxista, o importante seria desvendar os principais determinantes das crises do capitalismo e, nessa medida, ser capaz não só de antecipá-la, mas, sobretudo, descobrir o(s) sujeito(s) que, diante das oportunidades abertas pela crise, está(ão) em posição e condições de assumir(em) o papel de sujeito(s) revolucionário(s). Nessa apreciação crítica da discussão entre os renomados autores marxistas, pretendemos mostrar, por um lado, como a preocupação em identificar um sujeito revolucionário orienta a sua análise e sempre termina por se reduzir ao problema da distribuição da riqueza; e, por outro, como tal abordagem não permite apreender a natureza historicamente específica do trabalho no capitalismo e, por conseguinte, o modo de produção próprio do capital.

Em consequência, a controvérsia entre os autores não tem como vislumbrar uma emancipação da formação social capitalista, pois os sujeitos da emancipação presumivelmente identificados jamais poderão imaginar um mundo em que o trabalho não seja prática constituinte e constitutiva da sociedade – enfim um mundo sem a centralidade do trabalho. Além disso, em seu nível mais crucial, as interpretações dos autores desconsideram que a dominação social do capital é abstrata, impessoal, e que tal abstração é o momento explicativo (por possuir prioridade ontológica) das formas de dominação pessoal ou direta. Naturalmente, é uma impossibilidade a existência de dominação abstrata sem exploração. Não obstante, a produção de valor e mais-valor não existe sem a produção de formas fetichizadas, alienadas, reificadas[1]. Como nos lembra Marx: produzir mercadorias é produzir fetiche.[2]

David Harvey

Harvey apresenta uma compreensão peculiar sobre as categorias marxianas de mercadoria, valor de uso, valor, valor de troca e fetiche da mercadoria. Tal compreensão, todavia, é o arrimo de sua peculiar interpretação do pensamento do Marx maduro. Por isso, para abordar o seu debate com Roberts, iniciaremos expondo como ele captura as categorias marxianas

[1] "Se na teoria o conceito de valor precede o de capital, mas, por outro lado, subentende um modo de produção fundado no capital para seu desenvolvimento puro, o mesmo sucede na prática. [...] A existência do valor em sua pureza e universalidade pressupõe um modo de produção em que o produto singular em geral deixou de ser produto enquanto tal para o produtor e mais ainda para o trabalhador individual, e não é nada sem a realização na circulação. (...) Essa própria determinação do valor tem como seu pressuposto, portanto, um estágio histórico dado do modo de produção social, sendo ela própria uma relação dada com o modo de produção, logo, uma relação histórica". (Marx, 2011, p. 194)

[2] "A isso eu chamo de fetichismo, que se cola aos produtos do trabalho tão logo eles são produzidos como mercadorias e que, por isso, é inseparável da produção de mercadorias". (Marx, 2017, p. 148)

para, na sequência, esboçar seu constructo teórico sobre o pensamento de Marx e sobre a dinâmica do modo de produção capitalista. Em seguida, apresentaremos, de forma sintética, a crítica de Roberts e apresentamos a nossa compreensão do referido conjunto categorial marxiano.

Se em *A Companion to Marx's Capital*, Harvey afirma que a mercadoria tem valor de uso, valor e valor de troca (Harvey, 2013, p. 22) e que valor é o tempo de trabalho socialmente necessário (Ibid., p. 39) (confundindo substância com quantidade do valor), no pequeno artigo *A recusa de Marx da teoria do valor-trabalho* (Ibid., 2020) e na réplica a Michael Roberts (Ibid., 2019) ele procura esclarecer melhor o seu ponto (ou volta atrás em seu argumento?). Em sua réplica afirma que "valor é sempre criado no ato de produção. Mas é realizado no momento da troca mercantil". Harvey sustenta que essa apreensão do valor é forma de pensar o valor "nos termos do que Marx chama de 'a unidade contraditória de produção e realização'". Seu ponto gira em torno da ideia (correta) de que o valor criado na produção só será realizado quando da venda da mercadoria. Afinal, o valor, categoria que expressa uma relação social e, portanto, só pode ser mensurado pela quantidade média de tempo de trabalho socialmente necessário gasto na fabricação da mercadoria, surge na produção como um valor potencial (*dynamei*). Todavia, como sabemos, o potencial (*dynamei*) é sempre de ser ou de não ser. De maneira que somente na venda o valor potencial realiza-se enquanto potencial de ser. Caso a mercadoria não encontre comprador, seu valor em potência não se realiza, transformando-se, segundo Harvey, em não-valor ou anti-valor.

A incompreensão dessas determinações do ser social, sob a lógica societária do capital, leva Harvey a afirmar (explicitamente em seu livro *A Companion to Marx's Capital* e implicitamente no artigo inicial aqui analisado) que a mercadoria tem valor de uso e de troca, e que o valor é o tempo de trabalho socialmente necessário que só surge no mercado. Tal apreensão da categoria mercadoria e do valor é o que prepara a entrada em sua cena analítica dos quereres, gostos, desejos e capacidade de pagamento dos consumidores. Não é por outro motivo que o dinheiro surge como a coisa que "facilita e lubrifica as relações de troca de maneiras eficientes ao mesmo tempo que fornece um veículo conveniente para armazenar valor" (Ibid., 2020). E na sua circulação como capital, o dinheiro, como material da representação do valor, atua como uma forma-valor que é norma regulatória do metabolismo social. O arremate de Harvey é que "valor não pode existir sem sua representação": o dinheiro.[3] Aqui é preciso destacar que o autor parece confundir a lógica categorial, tal como exposta por Marx, com a forma como as categorias operam no mundo do capital. Formulando de outro modo: Marx, na Seção I de *O capital*, apresenta a célula constitutiva da tessitura da sociedade do capital, "a forma econômica celular" (Marx, 2017, p. 78): a mercadoria. Ele toma a mercadoria como forma aparencial da riqueza da sociedade do capital e, por essa razão, pressupõe a existência do dinheiro, do mais-valor, do Estado, das classes sociais etc., ainda que não as trate diretamente (nem deva fazê-lo) nesta Seção. Essas categorias, a rigor, irão sendo desdobradas na sequência da análise.

O Estado, por exemplo, comparece no momento em que Marx trata da categoria de moeda, ainda na Seção I de *O capital*. E isso só ocorre após a exposição da gênese lógica do dinheiro nessa mesma seção. O mais-valor e as classes, por sua vez, são apresentados na Seção II etc. Em suma, valor e dinheiro, no mundo do capital, só existem simultaneamente. Entretanto, tomando a questão ontologicamente, o valor tem prioridade ontológica em relação ao dinheiro. O que não significa que seja mais ou menos importante que o dinheiro, apenas que não é possível a existência do dinheiro como categoria que

[3] Comentário bem curioso, diga-se, pois como poderia uma relação social objetiva existir sem ser representada de alguma forma pelos sujeitos que a reproduzem em sua prática.

realiza toda a sua potencialidade sem a preexistência do valor como forma de mediação social.

Visto que a circulação de capital pressupõe a compra e venda da mercadoria força de trabalho, Harvey conclui que a circulação do capital só pode prosseguir no caso da existência de demanda solvável. Pondo toda ênfase de sua exposição no que para ele seria a tendência geral da acumulação capitalista, a saber, produzir pauperismo absoluto, ele explica as crises cíclicas da economia capitalista a partir do subconsumo dos trabalhadores. Em termos da atual ciência econômica, nesse caso as crises consistem em um problema de insuficiência de demanda efetiva. Problema esse que supostamente poderia ser resolvido pelo manejo consciente da demanda agregada, solução que, aliás, propõem o economista e ideólogo do capital, Keynes, e seus seguidores. Naturalmente, Harvey busca se descolar dessas companhias e observa que Marx se interessa por revolucionar a sociedade capitalista, o que exige o revolucionamento da forma-valor capitalista. Nesse sentido, ele sustenta que Marx propõe "a construção de uma estrutura de valor alternativa, um sistema-valor alternativo que não tenha o caráter específico daquele a que se chegou no capitalismo" (Harvey, 2010, p. 46). E complementa, pregando aos revolucionários que a tarefa, conforme deduz a partir de sua interpretação de Marx, "é encontrar uma forma-valor alternativa que funcionará [*will work*] em termos de uma reprodução social da sociedade numa imagem diferente" (Ibid., p. 46).[4] Tudo isso ocorreria sem a

[4] Harvey (2014) retoma e aprofunda essa compreensão no capítulo 2 de *Para entender o capital – Livros II e III*. Vide em particular as seguintes passagens: "Se a especificidade do capital reside na relação de classes na produção – relação que facilita a criação de mais-valor –, sua generalidade reside no processo de circulação do capital industrial que é constituído como uma unidade dos ciclos do capital monetário, do capital de produção e do capital-mercadoria" (Harvey, 2014, p. 89).

"Se no final do processo, o comunismo precisa abolir a relação de classe entre capital e trabalho, ele não tem necessariamente de abolir o dinheiro (ou seu equivalente), ou o intercâmbio de bens e serviços. Assim como o

abolição do dinheiro e com a instauração de outra forma-valor que seja norma regulatória da sociedade emancipada.

Antes de tratarmos das críticas de Roberts, registramos a surpreendente proximidade do argumento apresentado por Harvey (2020) em algumas passagens com a interpretação do pensamento de Marx elaborada por Postone (2014). Em primeiro lugar, destacamos o tratamento dado por Harvey à relação entre valor produzido por cada capitalista em sua empresa (valor em potência) e o valor como relação social mensurada pelo tempo social médio gasto na fabricação da mercadoria e que sofre o impacto direto do aumento da produtividade média social. Esse aumento reduz tendencialmente o tempo médio de trabalho gasto na produção das mercadorias, implicando economia de tempo de trabalho. Harvey enfatiza que a "relação contraditória entre valor definido no mercado e valor reconstruído por transformações no processo de trabalho é central para o pensamento de Marx". Mais adiante afirma que "a relação interna entre a busca do mais-valor relativo (através de inovações tecnológicas e organizacionais) e os valores de mercado [estão] no centro da teoria de valor de Marx".

No último parágrafo do artigo, Harvey (2020) nota que:

> "A forma valor de Marx (...) não pode ser compreendida como um fulcro imóvel e estável no mundo turbulento do capital. Trata-se de uma métrica instável e em constante mu-

---

capital antes dele, ele teria de encontrar modos de reestruturar todos esses processos cíclicos de forma a sustentar o trabalho associado, em vez de sustentar as relações de classe do capital" (Harvey, 2014, p. 91). Como podemos constatar a crítica de Harvey toma o capital como determinado por relação entre classes sociais, sem atentar que é justo o oposto. O valor como forma mediadora e momento fundante do capital (valor em expansão) instaura um tipo específico de sociabilidade que inclui as formas de classes sociais. Ou seja, o valor é auto-estruturante. Modela a objetividade (e a subjetividade) necessária à sua permanente reprodutibilidade. Portanto a relação causal é do valor/capital para as classes sociais e não o inverso. A esse respeito vide Postone (2014) e Araujo (2016b e 2018c).

> tação, que é empurrada para lá e para cá pela anarquia das trocas mercantis, por transformações revolucionárias nas tecnologias e formas organizacionais, pelas diferentes práticas de reprodução social em curso e em função de grandes transformações nas vontades, necessidades e desejos de populações inteiras, expressas pelas culturas da vida cotidiana."

Embora Harvey não faça referência à obra de Postone, parece inegável a semelhança entre sua abordagem e a reinterpretação do pensamento de Marx proposta por Postone em seu livro *Tempo, Trabalho e Dominação Social* (2014).[5] Nele Postone destaca a dinâmica imanente da sociedade do capital fundada nos dois momentos do trabalho no capitalismo – atividade produtiva (e a produtividade social constantemente redeterminada pela extração de mais-valor relativo) e atividade socialmente mediadora – e que se desdobra no fato de que o tempo abstrato (variável independente e ineliminável para a determinação da grandeza do valor).[6]

> "não é só socialmente constituído como forma qualitativamente determinada de tempo, como também é constituído qualitativamente: o que constitui uma hora de trabalho social é determinado pelo nível geral de produtividade, a dimensão do valor de uso. No entanto, apesar de ser redeterminada, a hora de trabalho social permanece constante como unidade do tempo abstrato.
> (...) as duas dimensões da forma-mercadoria interagem. (...) Ou seja, a constante temporal abstrata que determina o valor é ela própria determinada pela dimensão do valor de uso, o nível de produtividade. (...) [E] o nível de produtividade, a dimensão do valor de uso, é também determinada pela dimensão do valor (como novo nível básico)" (Postone, 2014, p. 332-333).

[5] Ver a esse respeito, em particular, o capítulo 8, "Dialética do Trabalho e do Tempo", em Postone (2014).

[6] O tempo concreto, explica Postone (2014, p. 233), é variável dependente, ou ainda, é uma função de algum evento como ciclos naturais ou o período de vida humana ou de tarefas particulares ou processos como o tempo para cozinhar um alimento.

Postone conclui seu argumento explicando que o processo de redeterminação recíproca das duas dimensões do trabalho determinado por mercadoria opera para a sociedade do capital como um todo e constitui o âmago da dinâmica dialética da sociedade do capital. Essa dinâmica dialética tem por especificidade o efeito esteira (*treadmill effect*) e com ele há uma dialética de transformação e reconstituição na qual mudam os níveis gerais da produtividade (a partir da busca incessante da extração de mais-valor relativo) "e as determinações quantitativas de tempo de trabalho socialmente necessário, mas essas mudanças reconstituem o ponto de partida, isto é, a hora de trabalho social e o nível de produtividade" (Ibid., p. 333). Naturalmente, o efeito esteira instaura uma sociedade dinâmica, em que a busca por maiores níveis de produtividade é permanente e cada vez mais intensa.

Apesar do evidente paralelo entre alguns de seus argumentos e a reinterpretação de Postone, Harvey não compreende em toda sua extensão a dinâmica direcional produzida pela contradição entre trabalho concreto e trabalho abstrato. Além disso, e essa é a insuficiência crucial, não percebe que o valor, já na exposição lógica da Seção I de *O capital*, tem por função inicial e decisiva operar como o *medium* dos laços sociais indiretos. Enfim, ele não se dá conta que o valor surge imediatamente na exposição de Marx como forma de mediação social.

Michael Roberts

Michael Roberts inicia suas observações críticas ao artigo de Harvey notando que se é correto sustentar que o valor só é criado/revelado na troca (ou seja, no mercado), como quer Harvey, então se pode afirmar que se não há mercado não há valor. Assim interpretado, o argumento de Harvey subentende que o valor emerge quando da venda da mercadoria por uma soma de dinheiro, soma essa que realiza o valor da mercadoria. Em suma, o valor emerge na circulação e não na produção. Como já vimos, em sua réplica Harvey defende que não é esse o seu entendimento. Declara explicitamente que o valor é produzido na produção e realizado na circulação. Ainda assim, como não opera com valor em potência a ser reconhecido como socialmente necessário, não resolve o imbróglio em que se meteu. Sem esquecer que, por não fazer tal diferenciação, confunde substância do valor com quantidade do valor e aprofunda suas dificuldades. O resultado necessário é a centralidade que o consumo adquire em sua teoria. Como as crises cíclicas capitalistas, para ele, são motivadas pelo subconsumo, toda a tarefa se resume a garantir a realização do consumo por parte dos trabalhadores.

Antes de se ocupar da crítica à hipótese do subconsumo de Harvey, Roberts trata de um aspecto crucial da teoria crítica do valor de Marx: a categoria de trabalho abstrato. Em primeiro lugar, sublinha que a diferença entre a teoria do valor de Ricardo e a de Marx, ao contrário do que postula Harvey, não tem por cerne uma teoria do valor trabalho em Ricardo e uma teoria do valor em Marx. Na verdade, Ricardo considera o trabalho concreto produtor de valores de uso e Marx captura o valor que tem por substância o trabalho abstrato. Dessa constatação, Roberts sustenta que a lei do valor de Marx é baseada no trabalho abstrato e este é "mensurado pelo tempo de trabalho quando testado 'socialmente' no mercado". Prossegue recordando que no capitalismo a força de trabalho é uma mercadoria que, como qualquer outra[7], tem que ser vendida no mercado. Além disso, a força de trabalho, como toda mercadoria, também possui dupla propriedade: ela é resultado de trabalho útil, resultado de trabalho humano em forma concreta direcionada para um fim específico, portanto, criador de valores de uso e, ao mesmo tempo, é constituída por trabalho abstrato.

A partir desse ponto, contudo, Roberts adere de vez ao que Postone chama de marxismo tradicional. Pois para ele trabalho

[7] O que tem por pressuposto a existência de uma massa de trabalhadores que nada mais têm a vender, a não ser essa mercadoria – força de trabalho.

abstrato consiste no desgaste fisiológico da mercadoria força de trabalho no processo de trabalho criador de mercadorias. Ou ainda: "dispêndio de 'força de trabalho' humana desprovida de características específicas, que cria o valor da mercadoria na qual está representado". Para Roberts, o importante é que assim Marx diferencia trabalho de força de trabalho. Sendo tal distinção "crucial para entender a fonte do lucro". Com esse movimento, Roberts gira sua argumentação para a exploração da mercadoria força de trabalho. Situando-se no interior de uma tradição marxista para a qual a crítica de Marx é crítica à distribuição injusta do que foi produzido, ou ao fato do trabalhador, produtor de toda riqueza, não se apropriar da totalidade do que produziu. Em consequência de tal compreensão, Roberts pode postular que a diferença entre as teorias do valor de Marx e de Smith-Ricardo reside no fato de que, com o trabalho abstrato, Marx demonstra a natureza exploradora do modo de produção capitalista, justamente o que não conseguem fazer Smith e Ricardo. Roberts critica Harvey por mencionar uma única vez este aspecto e, ainda assim, com a intenção de reafirmar que o valor é o reflexo do trabalho congelado na mercadoria e, como valor é norma regulatória da economia, só pode existir no mercado. De modo que, sem dinheiro, para Harvey, nos diz Roberts, não há valor.

Roberts contra-argumenta retomando a lógica da exposição categorial da Seção I de *O capital* e explicando que valor não é uma criatura do dinheiro, mas o oposto: o dinheiro é a expressão do valor de troca do trabalho despendido na produção da mercadoria. E conclui com uma citação de Marx sobre dinheiro imaginário ou dinheiro ideal, de acordo com a qual o valor da mercadoria é expresso em preço antes dela ingressar na circulação, sendo pré-condição da circulação e não seu resultado. Em suma, Roberts sustenta que a lei do valor de Marx tem por base a compreensão de que o "trabalho envolvido na produção de mercadorias produz valor, enquanto a troca o realiza na forma-dinheiro". Justamente o que, segundo ele, permite a Marx distinguir entre os montantes produzidos de valor e mais-valor criados na produção de mercadorias e realizados no mercado.

Na sequência, Roberts volta sua atenção crítica para a defesa que Harvey faz de uma teoria do subconsumo como explicativa das crises industriais cíclicas capitalistas. Em resumo, Roberts demonstra, com base em Marx (Livro II de *O capital*) e em dados estatísticos, que a teoria de crises causadas por subconsumo não se sustenta. Em particular, porque como já argumentava Marx, e como demonstram os dados estatísticos recolhidos por ele, a fase que antecede a crise econômica é marcada pelo ponto mais alto da massa salarial dos trabalhadores. Não sendo possível sustentar, como faz Harvey, que a "contraditória relação entre produção e realização repousa no fato de que o valor depende da existência, no interior de uma população de consumidores, de vontades, necessidades e desejos cacifadas pela capacidade de pagar" (Harvey, 2020).[8] Segundo Roberts, ao proceder dessa maneira Harvey torna irrelevante a taxa de lucro ou o lucro para a explicação das crises, pois o que importa, no argumento de Harvey, é considerar a redução ao mínimo do valor da força de trabalho (ou até mesmo a zero). Esse caminho leva Harvey, ainda segundo Roberts, a tomar o valor de uso (necessidades e desejos) como chave explicativa e não o valor.

Na conclusão de sua crítica, Roberts (2019) salienta que na figuração teórica de Harvey a luta de classes na produção é de menor importância ou mesmo inexistente: "A luta de classes vem a ser não entre trabalhadores e capitalistas; mas entre consumidores e capitalistas ou contribuintes e governos". Para Roberts, tal posição não apenas nada tem a ver com a visão de Marx, como é "confusa para a análise e estratégia de classe para a luta da classe trabalhadora".

Em sua réplica, Harvey refuta tal acusação dizendo que a ênfase que ele dá à circulação (desejos, necessidades e capacidade de pagamento dos trabalhadores) não significa que ele

[8] Para uma teoria pluricausal da crise econômica, ver Araujo (2014 e 2001).

"diminu[a], neg[ue] ou refut[e] todo o esforço que está sendo feito quanto ao processo de trabalho e a importância da luta de classes que tem ocorrido e continua a ocorrer na esfera da produção". Todavia, ele argumenta que tais lutas devem ser relacionadas com as "lutas pela realização, distribuição (por exemplo, extrações de renda, execuções de dívidas hipotecárias), reprodução social, ao gerenciamento da relação metabólica com a natureza e às dádivas da cultura e da natureza". E conclui sugerindo a necessidade da associação entre a compreensão tradicional da esquerda marxista, que tem a luta de classes como centro da análise, com os movimentos anticapitalistas recentes que operam, justamente, a partir das lutas pela realização, distribuição, reprodução social e ecológica, capturadas por ele com sua ênfase na circulação.

Valor como forma de mediação social

Uma vez expostas as posições de Harvey e as críticas de Roberts, é preciso apresentar algumas considerações críticas sobre ambos a partir de uma leitura alternativa da teoria do valor de Marx. Entendemos que no Livro I de *O capital* o par antitético (valor de uso e valor), constitutivo da mercadoria, e a própria mercadoria, possuem uma função na constituição da sociedade do capital. Mais ainda, a contradição fundamental, que põe toda a dinâmica da sociedade do capital é a contradição entre valor de uso e valor. A partir dela Marx deduz o valor de troca, o dinheiro, a circulação do dinheiro como dinheiro e como capital etc. Concretizando sua exposição e reconstruído o todo societário, ele desvela as categorias essenciais dessa sociabilidade e a forma como elas se manifestam na aparência e no cotidiano da vida dos seres humanos.

Ao tratar da categoria valor, que tem por substância o trabalho abstrato, Marx apresenta imediatamente sua primeira peculiaridade: o valor é a forma específica da riqueza nas sociedades em que domina o modo de produção capitalista[9]. Assim sendo, a riqueza especificamente capitalista – valor – é riqueza abstrata, trabalho humano abstrato.

Em seguida, Marx mostra que o valor é forma de mediação social, pois esta é uma sociabilidade armada por laços sociais indiretos[10]. Dito de outra forma, a sociedade do capital se caracteriza por ter relações sociais indiretas entre os seres humanos e diretas entre as objetivações do trabalho humano – as mercadorias. Como o trabalho determinado por mercadoria (que é específico da sociedade do capital) possui um duplo caráter, sendo ao mesmo tempo trabalho útil, específico, e trabalho abstrato, pode-se concluir que o trabalho é forma de mediação social Em acordo com Postone (2014), sustentamos que em todas as formações sociais (capitalistas e pré-capitalistas), os diversos trabalhos concretos, úteis, nelas realizados são formas de trabalho em geral[11]. Não obstante, ainda que em todas essas formações as variadas formas de trabalho tenham em comum o fato de serem trabalho, "no capitalismo o trabalho abstrato não pode ser entendido a partir do truísmo de que ele representa o denominador comum

[9] "Os valores de uso formam o conteúdo material da riqueza, qualquer que seja a forma social desta. Na forma de sociedade que iremos analisar, eles constituem, ao mesmo tempo, os suportes materiais do valor de troca" (Marx, 2017, p. 114). Lembrando que algumas páginas adiante, Marx adverte que no início do capítulo 1, quando ele escrevia, "como quem expressa um lugar-comum" (Ibid., p. 136), que a mercadoria é valor de uso e valor de troca, isto estava errado. A mercadoria é valor de uso e valor, sendo o valor de troca a forma de manifestação do valor, é a relação de troca por meio da qual o valor se manifesta em uma "forma distinta de sua forma natural" (Ibid., p. 136). Dessa maneira, na sociedade do capital, o valor de uso (riqueza concreta, comum a todas as formações sociais) é o suporte material do valor (riqueza abstrata, específica da sociedade do capital).

[10] As formações sociais pré-capitalistas, ao contrário, se caracterizam por laços sociais diretos entre os seres humanos, arrimados em relações parentais, laços sanguíneos, tradição, costume, formas religiosas etc.

[11] Sobre trabalho em geral, ver a primeira seção do capítulo 5 do Livro 1 de *O Capital – O Processo de Trabalho*)

de todos os trabalhos úteis realizados nessa formação social". Sob o capital ocorre justamente o inverso, "é a função social do trabalho que o torna geral" (Duayer; Araujo, 2019, p. 19). Em outras palavras, é a função social específica do trabalho determinado por mercadoria – operar como objetivação de laços sociais – o que "determina o aspecto desse trabalho como trabalho abstrato, produtor de valor. A categoria trabalho abstrato, forjada por Marx, é a forma desse processo real de abstração que ocorre diariamente na sociedade do capital (Ibid., p. 19).[12]

Uma vez estabelecida essa peculiaridade (seção 3 do capítulo 1 do Livro I de *O capital – A Forma do Valor ou o Valor de Troca*), Marx apresenta uma terceira peculiaridade do valor: ele é a forma específica de dominação da sociedade capitalista: dominação abstrata (seção 4 do capítulo 1 do Livro I de *O capital – O Fetiche da Mercadoria e seu Segredo*). Em nosso entendimento, essa é a crítica central e mais radical que Marx faz à sociedade organizada pelo valor. Essa peculiaridade surge como corolário necessário do valor como forma de mediação, portanto, da função social específica do trabalho no capitalismo. Marx sublinha que mercadoria é coisa sensível e suprassensível, ou seja, capturada pelos cinco sentidos humanos e, ao mesmo tempo, é uma coisa que escapa aos nossos sentidos. O aspecto sensível da mercadoria é o seu valor de uso, resultado do trabalho concreto, útil. O aspecto suprassensível é o valor, trabalho abstrato, forma de mediação social. A mercadoria é, portanto, o *medium* das relações sociais na sociedade do

[12] "Essa é uma sociedade na qual a produção de mercadoria é generalizada e, portanto, estruturadora da sociabilidade. Sociabilidade em que o trabalho de todos os produtores opera como meio, mediação para a obtenção dos produtos que cada produtor necessita e já não tem acesso por outros meios (relações de parentesco, de dominação pessoal ou direta) que não o próprio trabalho. Por isso, o trabalho abstrato surge e funciona como atividade mediadora. Ele é socialmente geral por se a objetivação da mediação social e, dessa maneira, a própria mediação tem um caráter socialmente geral" (Duayer; Araujo, 2019, p. 19)

capital. Resultado do trabalho determinado por mercadoria, ela é a objetivação desse trabalho, ela é o trabalho realizado – trabalho útil, concreto e trabalho abstrato. O que se manifesta concretamente a todos os sentidos é a naturalidade do valor de uso que, enquanto tal, vela o valor. Portanto, a mercadoria se apresenta como algo transistórico, pois se manifesta como um valor de uso tal como qualquer valor de uso produzido em qualquer época em qualquer formação social. Em suma, o que se objetiva no processo de trabalho determinado por mercadoria não é apenas valor de uso, mas valor.

Na formulação de Postone (2014, p. 187): "(...) *objetivação é de fato alienação* [*estranhamento*] *– se o que o trabalho objetiva são as relações sociais*" [Itálicos do autor]. O que significa que o trabalho no capitalismo objetiva a própria relação social, motivo pelo qual ela surge fetichizada, enfeitiçada sob a forma de mercadorias. Por isso, produzir mercadorias é produzir fetiche – as objetivações do trabalho humano adquirem vida própria dominando o ser humano. O que fica mais evidente quando Marx passa a tratar da circulação do dinheiro como capital na Seção II de *O capital*, e apresenta a fórmula geral do capital na esfera da circulação (D – M – D'), explicando que o valor em expansão é o sujeito automático da sociedade do capital, consistindo em uma lógica auto-expansiva, representando um constrangimento lógico que a tudo abarca.

Nas formações pré-capitalistas, de acordo com Marx, relações de dominação se baseavam em relações de dependência pessoal[13]. O capitalismo, ao contrário, se caracteriza por uma independência pessoal no interior de um sistema de dependência *objetual* (da coisa). Tal dependência objetual nada mais é do que as relações sociais que se independentizaram de indivíduos independentes (aparentemente) e a eles se opõem. O que marca o capitalismo é o modo peculiar de existência das relações sociais essenciais. Tais relações não são relações

[13] Formulação que aparece também em Duayer e Araujo (2019, p. 7).

interpessoais manifestas, mas consistem em estruturas aparentemente independentes que se contrapõem aos indivíduos. Estruturas que se apresentam como esfera de necessidade impessoal e dependência objetual deixam patente que, no capitalismo, se tem um sistema de dominação impessoal abstrata, que não parece social, mas objetual: as pessoas dependem das coisas e não de pessoas. Nos *Grundrisse* Marx destaca a forma peculiar de dominação no capitalismo: as pessoas são dominadas pela produção. A produção social que subsume os indivíduos existe fora deles como destino. Numa evidente indicação da falta de liberdade típica do capitalismo, os indivíduos não subsumem a produção, que não é gerida por eles como seu poder e riqueza em comum. Essa forma de dominação social no capitalismo, ou seja, que os indivíduos estão subordinados à produção ou, o que dá na mesma, são dominados pelo trabalho social, permite concluir que não há como compreender a dominação social no capitalismo como dominação e controle dos muitos e do seu trabalho por poucos. Vale dizer, não é possível explicar a dominação social no capitalismo com base na categoria exploração.

De acordo com Postone, no capitalismo "o trabalho social não é unicamente objeto da dominação e da exploração, mas é o fundamento essencial da dominação" (Ibid., p. 150). Dominação abstrata significa a dominação das pessoas por estruturas sociais aparentemente independentes, abstratas, mediadas pelo trabalho determinado por mercadoria. Com isso é possível afirmar, como faz Postone, que nas obras maduras de Marx tais formas de relações sociais constituem a concretização sócio-histórica consumada do estranhamento como dominação autogerada. E essas formas sociais subentendem uma lógica dinâmica que coage e compele os indivíduos.

Essas formas sociais ainda permitem sugerir que o capitalismo, apesar de ser uma sociedade de classes, não tem a dominação de classe como fundamento último da dominação social.

Na verdade, a própria dominação de classe pressupõe uma forma de dominação superior, abstrata.[14]

A quarta peculiaridade do valor é a de ser uma forma auto-mediadora. Valor permite a mediação social entre os seres humanos e constitui as relações de pertencimento dos indivíduos com a comunidade. Além disso, o valor efetiva a repartição e apropriação da riqueza material (valores de uso) produzida pela sociedade do capital, e engendra as estruturas abstratas necessárias para a sua própria auto-reprodução na qualidade de valor em expansão.

O ponto a destacar nesse particular é que, diferentemente das sociedades não capitalistas, na sociedade em que a forma mercadoria é universal não são as relações sociais manifestas que determinam o tipo de acesso dos indivíduos aos bens produzidos[15]. É o próprio trabalho – ou seus produtos – que substitui tais relações (visíveis, manifestas, abertas). Consequentemente, o próprio trabalho, por ser uma *mediação social*, substitui assim as relações sociais manifestas. Talvez se possa dizer que aqui reside um dos principais momentos da reinterpretação do pensamento de Marx elaborada por Postone, quando ele destaca que o trabalho determinado pela mercadoria, em lugar de ser mediado por relações sociais "abertas", "reconhecíveis", é mediado por estruturas que ele próprio constitui. No mesmo sentido, observa ele, no capitalismo o trabalho e seus produtos medeiam a si mesmos; são socialmente auto-mediados. Pode-se dizer que essa é uma forma de mediação única, que, na estrutura da formulação da teoria marxiana, diferencia de maneira suficiente a forma capitalista de todas as outras formas de vida social, precisamente o que permite caracterizá-las como não capitalistas.

[14] Para uma discussão a esse respeito vide Araujo (2016a, 2016b, 2018a e 2018b).

[15] Esse parágrafo e os três subsequentes foram retirados do artigo Duayer e Araujo (2019, p. 17-18).

No capitalismo é justamente essa a função do trabalho como atividade social mediadora –trabalho abstrato –, distinto do trabalho como atividade teleológica produtora valores de uso, metabolismo do ser social com a natureza – trabalho concreto. Em virtude dessa sua função social historicamente específica, não é possível identificar o trabalho abstrato com um tipo particular de trabalho, nem tampouco com o trabalho concreto em geral. Pode-se dizer, portanto, que no capitalismo o trabalho tem duas funções sociais: como trabalho abstrato consiste em função social particular única do trabalho, exclusiva do capitalismo; como trabalho concreto é função social "normal" como trabalho produtivo. Para esclarecer ainda mais a particularidade do trabalho no capitalismo, Postone (2014) chama atenção para o fato de que o trabalho tem caráter social em todas as formações sociais. E especifica de maneira esclarecedora que nas sociedades não capitalistas as atividades laborativas

> "são sociais em virtude da matriz de relações sociais manifestas em que estão incorporadas. A referida matriz é o princípio constitutivo de tais sociedades. Os vários trabalhos ganham seu caráter social por meio dessas relações [...] [e] são impregnados de significado pelas relações sociais que são o seu contexto" (Ibid., p. 176-177).

Se, como mostrou Postone, no capitalismo o próprio trabalho é a mediação social que substitui aquela matriz de relações abertas, pode-se concluir que não são relações sociais manifestas, abertas, que conferem ao trabalho o seu caráter social. Em lugar disso, conforme assinala o autor, o trabalho, na medida em que medeia a si mesmo, "constitui uma estrutura social que substitui o sistema de relações sociais manifestas", a par de conferir a si mesmo um caráter social. Em síntese, tais considerações permitem afirmar que o "trabalho funda o seu próprio caráter social no capitalismo por ser atividade socialmente mediadora. Nesse sentido, *o trabalho no capitalismo devém seu próprio fundamento social*" (Ibid., p. 177).

Toda mercadoria é particular (valor de uso) e geral (valor, mediação social), como mediação social é meio através do qual seu produtor participa da produção social, ou seja, é a objetivação da relação social indireta. Em suma, como o trabalho determinado por mercadoria e seus produtos (as mercadorias) não são reconhecidos como socialmente válidos por relações sociais diretas, abertas, eles têm que possuir a dualidade de serem comprados por seu valor de uso e de serem vendidos por seu valor. O que exige que o trabalho produtor de mercadorias apresente um duplo caráter: trabalho útil, produtor de valores de uso, e trabalho abstrato, produtor de valor.

Contrapondo a interpretação de Postone defendida aqui à forma como Harvey e seu crítico, Roberts, tratam o valor, constata-se facilmente que ambos operam no interior do que Postone denomina marxismo tradicional. Marxismo que compreende o valor como uma categoria precipuamente voltada para a distribuição do que foi produzido e vê na exploração do trabalhador a crítica principal de Marx à lógica do capital. De modo que ambos realizam uma crítica do capital do ponto de vista do trabalho. Todavia, é inegável que Postone tem razão ao afirmar que a crítica de Marx, dada a centralidade do trabalho determinado por mercadoria na sociedade do capital e em que consiste a categoria valor, só pode ser entendida como crítica a esse trabalho. Em outros termos, é crítica ao trabalho no capitalismo. E não crítica do ponto de vista do trabalho. O que repõe questões fundamentais para o marxismo, dentre as quais destacamos a busca pelo sujeito revolucionário.

Os comentários críticos ao debate entre Harvey e Roberts deixaram patente que os autores, além de se movimentarem no interior do chamado marxismo tradicional, disputam teoricamente a questão do sujeito revolucionário. Roberts expressa a ortodoxia tradicional que tem na luta de classes a chave explicativa da dinâmica societária do capital e, por consequência, tem no proletário (trabalhador assalariado, explorado ou outro sucedâneo) o sujeito da emancipação social. Harvey, por sua vez, reafirma a luta de classes como central na dinâmica, entretanto procura incorporar contradições que surgem na realização do valor no âmbito da circulação. O que o leva a apontar para a importância de outros movimentos sociais para além das lutas econômicas da classe trabalhadora.

Tomando por referência o Livro I de *O capital*, entendemos que há um sujeito que põe toda a dinâmica da sociedade em que domina o modo de produção capitalista. Esse é o sujeito automático, a substância em processo, o capital. Um sujeito que modifica permanentemente as formas de produzir, os níveis de produtividade e a própria determinação quantitativa do tempo de trabalho socialmente necessário e, na sequência, reconstitui as condições para a continuidade de seu processo lógico auto-expansivo. Por meio desse mecanismo infernal, incontrolado, as formas de organização da vida cotidiana, os laços pessoais, as tradições, costumes etc. são permanentemente transformadas e reconstituídas de modo a garantir a reprodutibilidade do valor em expansão. Em suma, o capital é o sujeito que tudo muda para que tudo permaneça como está. A humanidade, constrangida por tal lógica abstrata, tem permanentemente interditadas as possibilidades de realização do *dynamei* de humanização do ser humano.

É compreensível que a lógica do capital instaure as lutas de classes do cotidiano que, em sua própria lógica, tratam da luta do trabalhador em defesa do valor da sua mercadoria, vale dizer, a luta pela venda pelo melhor preço e condições possíveis da mercadoria força de trabalho. Lutas essas que, todavia, não instauram por si mesmas uma práxis emancipadora do valor. Ao contrário, as vitórias dos trabalhadores nessas lutas operam com frequência como estímulos para o aperfeiçoamento das formas de produção e extração de valor e mais-valor, sendo, portanto, funcionais à lógica do capital. Enfim, a lógica do valor em expansão não produz necessariamente uma classe social que seja portadora dos desígnios da emancipação humana da dominação abstrata.

Entretanto, no capítulo 23 do Livro I de *O capital*, Marx explica que a tendência geral da acumulação capitalista é a produção de uma massa de desempregados (exército industrial de reserva) que constitui parte do proletariado (trabalhador que valoriza valor para o capitalista e que é despedido assim que se torna supérfluo para a valorização do valor[16]). E por fim (capítulo 24) afirma que a superação do capitalismo (e de sua forma de propriedade privada) é uma tarefa que envolve a "expropriação de poucos usurpadores pela massa do povo" (Marx, 2017, p. 833). Ao final dessa citação, Marx apresenta uma nota de rodapé que remete o leitor ao *Manifesto do Partido Comunista*. Nele a massa do povo é o proletariado. Aqui cabem algumas observações: (1) quando da escrita do *Manifesto*, Marx ainda não havia desenvolvido sua teoria do valor. Portanto, lhe era impossível precisar adequadamente como o valor tem prioridade ontológica na explicação das classes. (2) Por isso, no *Manifesto*, o proletário é o pobre, o explorado, o miserável etc. (3) Como a tendência da lei geral da acumulação do capital é a produção crescente de desempregados, é lícito indagar o que ocorre quando um trabalhador produtivo (proletário) permanece em alqueive por vários anos consecutivos, perdendo os laços associativos com os trabalhadores em atividade, desatualizando-se quanto às técnicas de produção empregadas, perdendo, em suma, o horizonte da solidariedade humana? Ainda é possível identificar um *dynamei* de ser produtivo nessas condições ou essa potencialidade está perdida? Com Lukács (2013, p. 67-68) entendemos que não. E é exatamente por esse motivo que Marx termina o parágrafo dizendo que a tarefa da expropriação é da massa do povo e não da classe social – o proletariado.

Em conclusão: o capital é o sujeito da sociedade capitalista; em sua lógica auto-expansiva põe as classes sociais como funcionais e necessárias à sua reprodução ampliada. Desse modo, a emancipação humana é tarefa não de uma classe

[16] A esse respeito ver Marx (2017, p. 690-691, n. 70).

portadora da miséria universal. Mas da massa do povo, pois ela é o produto da expansão do valor e da economia de tempo de trabalho, que é o acicate do valor e que produz o aumento da composição orgânica do capital e, com a quarta revolução tecnológica, acelera a tendência ao desemprego estrutural em massa e permanente de parte crescente da população que vive do trabalho.

Por fim, tal quadro exige dos marxistas as articulações necessárias entre lutas de classe do cotidiano e lutas de classe emancipatórias, articulando as lutas dos trabalhadores, sindicais com os novos movimentos sociais. Porém, lutas que não se circunscrevam às questões distributivas, que são naturalmente imprescindíveis, mas que sejam lutadas tendo como horizonte a superação da dominação abstrata do produto do trabalho sobre os produtores.

Referências bibliográficas

ARAUJO, Paulo Henrique F. Notas Críticas à compreensão de Lênin sobre o Estado: revisitando *O Estado e a Revolução. Revista da Sociedade Brasileira de Economia Política*, v. 50, p. 114-141, 2018a.

_____. As categorias classes sociais e Estado no Livro Primeiro de O capital. In. *XXII Encontro Nacional de Economia Política, 2018, Niterói, Anais do XXII ENEP*. Editora da Universidade Federal Fluminense, 2018b.

_____. David Harvey: Mercadoria, Capital, Capital de Empréstimo e Capital Fictício – Notas Críticas. *Anais do XXIII Encontro Nacional de Economia Política*, 2018c.

_____. Marx: Capital, Estado e política: notas. *Revista da Sociedade Brasileira de Economia Política*, v. 43, p. 37-62, 2016a.

_____. Notas Críticas ao artigo Miséria na filosofia marxista: Postone leitor d'*O capital*, por Bidet. *Revista Verinotio*, v. 22, p. 120-151, 2016b.

_____. Mandel e as Crises Econômicas. *Revista da Sociedade Brasileira de Economia Política*, v. 39, p. 56-68, 2014.

_____. Comentários sobre Algumas Teorias de Ondas Longas. *Revista Universidade Rural. Série Ciências Humanas*, v. 23, p. 169-182, 2001.

DUAYER, Mario; ARAUJO, Paulo Henrique F. Valor como Forma de Mediação Social: Interpretação de Marx a partir de Postone. In: *Anais XXIV Encontro Nacional de Economia Política*, Vitória, 2019.

DUAYER, Mário. Mercadoria e Trabalho Estranhado: Marx e a Crítica do Trabalho no Capitalismo, *Margem Esquerda,* 17, pp. 88-99, 2011.

_____. Marx, Verdade e Discurso. *Perspectiva*, v.19, n.1, p.15-39, jan./jun. 2001.

HARVEY, David. *Para Entender o Capital*: Livros II e III, São Paulo: Boitempo, 2014.

_____. *A Companion to Marx's Capital*. New York: Verso,

2010.

_____. A recusa de Marx da teoria do valor-trabalho. *Outubro*, n. 34, 2020.

_____. As incompreensões de Michael Roberts. *Outubro,* n. 34, 2020.

LUKÁCS, George. *Para uma ontologia do ser social I*, São Paulo: Boitempo, 2012.

_____. *Para uma ontologia do ser social II*, São Paulo: Boitempo, 2013.

MARX, Karl. *O capital*: *crítica da economia política*: Livro I: o processo de produção do capital. São Paulo: Boitempo, 2017.

______. *Grundrisse: manuscritos econômicos de 1857-1858* - esboços da crítica da economia política. São Paulo: Boitempo, 2011.

POSTONE, Moshe. *Tempo, trabalho e dominação social: uma reinterpretação da teoria crítica de Marx*.São Paulo: Boitempo, 2014.

ROBERTS, Michael. A incompreensão de David Harvey sobre a teoria do valor de Marx. *Outubro,* n. 34, 2020.

ARTIGOS

A guerra de classe em tempos pandêmicos[1]

Cinzia Arruzza
Professora de Filosofia em
The New School for Social Research
(Estados Unidos)

Felice Mometti
Pesquisador independente

[1] Publicado originalmente na revista *Viewpoint* e republicado com a permissão da autora. Tradução de Maíra Tavares Mendes.

Resumo: o artigo analisa a conjuntura atual de pandemia global, repleta de tensões e contradições. Contradições e ambivalências que caracterizam formas de sociabilidade, combinando isolamento social com um excesso de conectividade e comunicação através de um conjunto de mídias sociais. Os autores discutem estas formas de sociabilidade dentro de um contexto da macrodinâmica em jogo e que poderiam ter efeitos sobre uma potencial composição de novas classes. Concluem apontando para os diversos processos de luta e radicalização política que emergem nesse novo contexto e sua potencialidade.

Palavras-chave: 1. Pandemia; 2. Conflito Social; 3. Crise

Abstract: the article analyzes the current global pandemic situation, full of tensions and contradictions. Contradictions and ambivalences that characterize forms of sociability, combining social isolation with an excess of connectivity and communication through a set of social media. The authors discuss these forms of sociability within the context of the macrodynamics at play and which could have effects on a potential composition of new classes. They conclude by pointing to the various processes of political struggle and radicalization that emerge in this new context and its potential.

Keywords: 1. Pandemic; Social Conflict; 3. Crisis

Greve pela vida

Na segunda-feira, 29 de março, trabalhadoras/es da General Electric organizaram um protesto (Ryan, 2020) contra as milhares de demissões anunciadas pela direção da empresa, exigindo a reconversão da produção e fazendo uma simples pergunta: "Se a GE confia em nós para construir, manter e testar motores que vão em uma variedade de aeronaves onde milhões de vidas estão em jogo, por que eles não confiam em nós para construir respiradores?" (Ongweso Junior, 2020)·

Esta foi uma das muitas greves com diferentes tons de legalidade que trabalhadoras/es de vários setores têm organizado ao redor do mundo. Uma onda de greves em março forçou o governo italiano a parar a produção não-essencial, embora a batalha ainda esteja longe de ser totalmente vencida. Trabalhadoras/es de logística da Amazon e de outras empresas (Conley, 2020) organizaram protestos e greves na França (Guichard; Pailliez, 2020), Itália (Lotito, 2020), Estados Unidos (Snider, 2020) e outros países para protestar contra condições insalubres e falta de Equipamentos de Proteção Individual

(EPIs), enquanto trabalhadoras/es da produção não-essencial abandonaram, adoeceram ou simplesmente não apareceram para trabalhar, recusando o risco de morrerem a fim de aumentar os lucros das empresas. Chris Smalls, um dos organizadores do protesto da Amazon em Staten Island, que mais tarde foi demitido pela empresa em retaliação (Cole, 2020), bem colocou em uma carta aberta a Jeff Bezos:

> "por causa da Covid-19, estão nos dizendo que trabalhadoras/es da Amazon são "a nova Cruz Vermelha". Mas as/os trabalhadoras/es não querem ser heróis ou heroínas. Nós somos pessoas normais. Eu não tenho diploma de medicina. Eu não fui treinado para ser um socorrista. Não deveriam nos pedir para arriscar a vida para entrar no trabalho. Mas pedem. E alguém tem que ser responsabilizado por isso, e essa pessoa é você." (Smalls, 2020)

Trabalhadoras/es dos setores de saúde, alimentação, saneamento, varejo e transporte público cada vez mais resistem a ser enviadas/os ao abate e estão organizando vários tipos de protestos (Poggio; MCShane, 2020) para lembrar ao resto do mundo que as comemorações de novos heróis da classe trabalhadora não são suficientes: não são mártires para serem santificadas/os, querem proteções e melhores condições de trabalho e salários.

Os locais de trabalho não são o único teatro de luta nestes tempos de pandemia. Inquilinas/os, muitas/os das/os quais perderam renda e empregos e vivem em áreas com várias ordens de abrigar-se em casa[2], estão se organizando para acabar com o pagamento do aluguel e resistir aos despejos. Presas/os estão se revoltando e protestando, do Irã à Itália e aos Estados Unidos, com medo de que as prisões se transformem rapidamente em

[2] Originalmente o termo utilizado é *shelter-in-place*, expressão que remete ao ato de ficar em casa, *stay at home*, com a ressalva de na primeira expressão a saída é realizada exclusivamente para atividades essenciais, o que é menos imperativo na expressão "fique em casa". (N. da T.)

campos de morte por causa do vírus. Os esforços e organizações de ajuda mútua estão se multiplicando, usando intensamente as mídias sociais para coordenar esforços e atender às pessoas em extrema necessidade. Embora algumas dessas lutas e greves tenham sido realizadas ou coordenadas através de organizações políticas e sociais pré-existentes, muitas delas ultrapassam a infraestrutura organizacional anterior e estão enraizadas em comportamentos espontâneos de recusa, resistência e solidariedade, e no surgimento da auto-organização a partir de baixo como resposta a uma crise sem precedentes.

Na atmosfera surreal e suspensa que caracteriza nossa atual situação, seria fácil concentrar nossa atenção apenas na catástrofe que se desenrola diante de nossos olhos, no grito implacável de sirenes quebrando o silêncio de nossas cidades esvaziadas, na contagem de mortes e contágios, e na iminente depressão econômica. Mas este tempo estranho e ansioso em que estamos vivendo também está repleto de lutas, atos de solidariedade e processos de composição e auto-organização da classe.

O que todas estas lutas têm em comum é a simples recusa de morrer pelo capitalismo, uma recusa que revela o que o *Marxist Feminist Collective* (2020), numa declaração sobre a pandemia, rotulou de contradição entre a produção do lucro e a produção da vida ou reprodução social, no próprio cerne do capitalismo.

Ao se recusar a colocar o lucro sobre a vida, estas lutas estão abrindo pelo menos duas frentes principais de confronto. A primeira envolve a gestão imediata da pandemia e sua dimensão de classe, raça e gênero; a segunda, transformações sociais de longo prazo. Num momento em que vários países estão colocando em prática uma ou outra versão de medidas neokeynesianas para evitar o colapso econômico e a agitação social, a questão candente que enfrentamos é se essas medidas marcarão ou não o fim definitivo da era neoliberal e da austeridade: um resultado que dependerá em grande parte da luta política e social.

Sobre a governança da pandemia

A pandemia está criando uma conjuntura global em resposta à qual várias formas de luta estão surgindo e proliferando. Ao mesmo tempo, sua gestão está longe de ser homogênea nos contextos nacionais: as dinâmicas políticas nacionais têm suas próprias especificidades e geram contextos significativamente diferentes para processos de luta e subjetivação, embora no contexto de uma conjuntura global que nos conecta a todos.

Deste ponto de vista, um dos principais limites do discurso do "estado de exceção" (Sotiris, 2020), que focaliza os perigos de viradas políticas autoritárias ligadas à suspensão das liberdades em que o bloqueio implica, é que ele simplifica a enorme complexidade da situação atual em uma noite em que todos os gatos são pardos. Também identifica de maneira equivocada o verdadeiro terreno atual de luta em muitos países.

Em primeiro lugar, não é verdade que os governos se apressaram a adotar duras medidas de emergência e a suspender as liberdades. O contrário é verdadeiro: em muitos casos, os governos hesitaram e até se recusaram, inicialmente, a suspender o que passa a ser a normalidade capitalista. Este atraso está tendo consequências terríveis na Itália, Espanha, Estados Unidos, Reino Unido e Suécia, entre outros exemplos. Quando executivos/as finalmente decidiram instituir os *lockdowns*, o fizeram porque foram pressionados por especialistas em saúde, por medo do risco de colapso dos sistemas de saúde (em grande parte devido ao esgotamento do setor de saúde causado por décadas de cortes de austeridade e privatizações) e por protestos desde baixo, especialmente de trabalhadoras/es que se recusavam a ir trabalhar. De fato, a noção de que os Estados capitalistas teriam um interesse primordial em manter as pessoas em casa é bastante bizarra e factualmente contrariada pelas inúmeras tentativas de prever um retorno rápido a alguma forma de "normalidade" que permitiria que as pessoas voltassem a trabalhar (e a consumir) (Horowitz, 2020).

Dentro deste contexto, a pandemia tem sido de fato a ocasião para alguns governos de orientação autoritária concentrarem mais poderes dentro do executivo, como está acontecendo em países como Israel, Hungria ou Índia. Mas ainda assim não é um processo linear e automático que se aplica a todos os países governados por uma extrema-direita autoritária. No Brasil, Bolsonaro mantém posições negacionistas, mesmo tendo como resultado ficar cada vez mais isolado politicamente e estimulando a apropriação regional de poderes de emergência. Nos Estados Unidos, Trump se recusa a declarar uma ordem federal de abrigar-se em casa e insiste em conceder autonomia governamental e flexibilidade na decisão das medidas a serem adotadas. A China é um caso à parte, pois a gestão da pandemia contou com a mobilização de um aparato de poder autoritário já existente.

Ao invés de impor fórmulas abstratas sobre uma realidade complexa, é mais útil prestar atenção à experimentação de diversas formas de governança, tanto novas quanto antigas, na gestão da pandemia. Por exemplo, a inegável concentração atual de poderes dentro do executivo na Itália ou na Alemanha está causando tensões com os executivos de regiões e *Länder*,[3] e ambos estão em uma relação tensa com as instituições transnacionais europeias. Nos Estados Unidos, não só não há transformação significativa na distribuição de poderes entre as instituições federais, como as políticas das administrações estaduais diferem entre si e estão, por vezes, em tensão com a abordagem incoerente da administração federal. Um exemplo notável são os vários confrontos entre Trump e o governador do estado de Nova York, Andrew Cuomo, que ascendeu ao status de contraparte de Trump, apesar de não ser o candidato democrata à Presidência. Vários Estados europeus e os Esta-

[3] Expressão que designa "estados" no interior da Alemanha e Áustria.

dos Unidos estão adotando formas de governança que incluem atores específicos nos processos de tomada de decisão: setores da comunidade científica nacional, grandes corporações, instituições financeiras e conselhos empresariais nacionais. A pandemia também apresentou a oportunidade para os Estados Unidos e a China perseguirem e redefinirem suas estratégias geopolíticas. Tornou-se uma ocasião para a gestão Trump pressionar por uma mudança de regime na Venezuela (Associated Press, 2020) e denunciar as já abomináveis sanções no Irã (Bâli; Hana, 2020). A China, por sua vez, está adotando uma estratégia de *soft power* que visa expandir sua hegemonia internacional, enviando suprimentos médicos e especialistas muito necessários para dezenas de países, uma iniciativa que os Estados Unidos estão agora ansiosos para imitar: Trump se vangloria de enviar para a Itália material médico no valor de 100 milhões de dólares, mesmo enquanto os Estados Unidos lutam para encontrar máscaras faciais básicas para suas/seus trabalhadoras/es da linha de frente da saúde.

Contudo, mesmo essas experiências de governança não estão indo bem, desafiadas pela contínua antinomia entre normalidade e exceção: a normalidade do funcionamento de um modo de produção social e a exceção imposta pela pandemia à reprodução social da vida ou à normalidade da circulação através dos espaços públicos – que não pode ser totalmente eliminada – e a exceção da imobilidade dentro de espaços privados. Essas experiências de governança estão mudando continuamente, tendo que enfrentar os limites dos atuais sistemas de proteção social, de saúde antes de tudo, e que navegar na articulação entre os poderes local, nacional e transnacional. Um exemplo é a forma como a autonomia de governadoras/es dos Estados Unidos está se equiparando a leiloar respiradores uns contra os outros. Na Itália também estão ocorrendo competições por recursos entre governos regionais. É impossível prever agora como estas experiências vão evoluir, pois as variáveis em jogo são inúmeras, desde o conflito entre diferentes instituições estatais até o nível de intensidade e alcance do conflito social a partir de baixo.

O vertiginoso aumento do desemprego, o rompimento e desarranjo das cadeias de valor globais e a necessidade de reorganizar a reprodução social forçaram as instituições dos Estados Unidos e da União Europeia a tomar medidas econômicas maciças para evitar não só o colapso econômico, mas também a explosão da agitação social em resposta à depressão que se aproxima. As características que essas medidas têm em comum poderiam ser definidas como uma espécie de keynesianismo provisório e muito parcial ou "keynesianismo com data de validade". Como escreveu Bue Rübner Hansen (2020): "Essas políticas são *ad-hoc* e concebidas para serem medidas de curto prazo, como o médico hipocrático cuja decisão (*krino*) agiu sobre o ponto de virada (*krisis*) na saúde do paciente. Entretanto, muito provavelmente, a Covid-19 não é um choque exógeno temporário".

Por exemplo, em seu briefing diário na sexta-feira, 3 de abril, Trump declarou que sua gestão está planejando usar o dinheiro do pacote de estímulo para pagar os custos da internação dos pacientes da COVID-19 sem cobertura de seguro-saúde (Abelson; Sanger-Katz, 2020), em vez de ampliar a cobertura ou reabrir a inscrição nos mercados do Obamacare. Enquanto isso, a grande maioria do *establishment* democrata, incluindo o principal candidato nas primárias, Joe Biden, continuou a dispensar o *Medicare for All*, mesmo diante da epidemia (Higgins, 2020). Os US$ 2 trilhões do pacote de estímulo dos Estados Unidos e os 750 bilhões de euros alocados pela União Europeia com a subsequente adição de US$ 100 bilhões para complementar a renda das/os trabalhadoras/es são medidas que, apesar de sua surpreendente magnitude, não desafiam o quadro neoliberal. Além disso, não estão sendo tomadas provisões significativas para vítimas de abuso doméstico para as quais se abrigar em casa não é sinônimo de segurança; nem o aumento da carga de trabalho doméstico para as mulheres está sendo tratado de forma alguma. Além disso, estas intervenções são frequentemente baseadas em políticas anti-imigrantes e de fronteiras fechadas, e nada está sendo feito para libertar pessoas presas em centros de detenção de migrantes e campos de refugiadas/os onde o acesso à saúde é próximo de zero e o vírus pode tirar milhares de vidas.

O objetivo claro destas medidas é a reconstituição das condições para a reprodução das relações sociais capitalistas, e certamente não a sua transformação radical. Uma intervenção no Financial Times do ex-presidente do Banco Central Europeu, Mario Draghi (2020), pode ser tomada como uma ilustração da lógica por trás dessa doação maciça de dinheiro nos Estados Unidos e na União Europeia. De acordo com Draghi, a crise atual não é cíclica, mas sim devido a fatores exógenos. Assim, sua receita proposta é aumentar a dívida nacional para permitir que as grandes empresas privadas possam resistir à emergência e depois voltar aos negócios como de costume. E na verdade, a maior parte dos recursos irá para empresas privadas, mas sem qualquer política séria para salvar empregos e evitar demissões, pois o pressuposto equivocado é que as empresas evitarão demissões se receberem o dinheiro e recriarão empregos perdidos quando a emergência acabar. Essa é também a lógica da suspensão temporária do Pacto de Estabilidade da Zona Euro, em que o governo alemão, entre outros, não quer abrir um precedente para uma transformação estrutural das políticas econômicas da Zona Euro rumo ao abandono da austeridade neoliberal. Se o objetivo de reconstituir as condições de reprodução do capital será alcançado ou não dependerá de uma série de fatores, incluindo dinâmicas políticas e relações de poder social.

Subjetivação e auto-organização em tempos fora do eixo

A conjuntura atual é repleta de tensões e contradições. O tempo está fora do eixo, ao mesmo tempo denso com os acontecimentos e suspenso. Contradições e ambivalências também caracterizam formas de sociabilidade, combinando isolamento social com um excesso de conectividade e comunicação através de um conjunto de mídias sociais. Não podemos prever agora como a vida social será transformada como consequência da pandemia, mas é inteiramente possível que as formas do que Foucault rotularia de "tecnologias do eu", da subjetivação e da comunicação se tornem ainda mais híbridas do que em tempos recentes, na direção de uma maior convergência de encontros e linguagens "reais" e "virtuais".

Estas formas de sociabilidade dentro de um contexto da macrodinâmica em jogo e descritas acima também poderiam ter efeitos sobre uma potencial composição de novas classes. Para citar apenas alguns fatores salientes: o aumento do desemprego em massa; o medo de contágio no local de trabalho e comportamentos espontâneos de recusa; a crescente visibilidade e reconhecimento social de trabalhadoras/es de serviços com baixos salários, racializadas/os e generificadas; o isolamento social; e a tênue linha entre produção e reprodução para aquelas/es que trabalham em casa e têm de se amontoar entre o aumento da carga doméstica, espaços de vida apertados, e os tempos e restrições do trabalho assalariado.

Neste contexto, diversos processos de luta e radicalização política começam a ocorrer. Mas não há receitas fáceis para explorar estas potencialidades abertas pela nova conjuntura. As próprias medidas de *lockdown* colocam novos desafios aos processos organizacionais e exigem a capacidade de reinventar formas de organização, protesto e eficácia: como tornar visível o protesto social em um momento em que suas formas tradicionais – marchas de massa, comícios, etc. – estão fora de questão? Como conectar a nova onda de greves legais e selvagens (*wildcat strikes*) a outras formas de resistência e conflito, como as greves de aluguéis e a organização de ajuda mútua e formas alternativas de reprodução social? Como estas lutas sociais podem se tornar cada vez mais politizadas, elevando-se ao nível do desafio atual, o que significa enfrentar o poder do Estado e das instituições transnacionais?

Investigar novos processos potenciais de subjetivação e luta seria um primeiro passo para tentar dar uma resposta a estas questões ardentes e evitar a proposição mecânica de velhos modelos organizacionais e estratégias políticas que não levam em conta as descontinuidades e variáveis históricas. A investigação aqui deve ser entendida não apenas como uma investigação sociológica, mas como um processo de autoconhecimento, auto-organização, politização e criação comum de uma nova compreensão compartilhada de quem somos, porque e como estamos lutando.

Esta é uma tarefa urgente para se poder responder a ambas as frentes de luta mencionadas acima, ou seja, a gestão imediata da pandemia e a transformação a longo prazo das relações sociais de produção. Como argumentado por Rob Wallace e outros (2020), modelagens do vírus e previsões sobre a duração das medidas de supressão, como o relatório do *Imperial College* (Ferguson et al, 2020) - que se tornou o ponto de referência para os Estados Unidos e o Reino Unido - estão fundamentadas na suposição implícita de que o quadro neoliberal não pode ser contestado. Como eles escrevem:

> "Modelos como o estudo do *Imperial* limitam explicitamente o escopo da análise a questões restritas, enquadradas dentro da ordem social dominante. Por sua concepção, eles não capturam as forças de mercado mais amplas que impulsionam os surtos e as decisões políticas subjacentes às intervenções. Conscientemente ou não, as projeções resultantes colocam em segundo plano a garantia da saúde para todos, incluindo os muitos milhares das/os mais vulneráveis que seriam mor-

> tas/os caso um país alternasse entre o controle da doença e a economia." (Wallace *et al.*, 2020).

Mas é justamente esse quadro que precisa ser superado, com dois objetivos: limitar ao máximo o número de vidas que serão tiradas pelo vírus e opor-se à estratégia do "keynesianismo com data de validade", lutando para acabar com a austeridade neoliberal e transformar totalmente a relação capitalista entre produção e reprodução social, que subordina a vida das pessoas à acumulação de lucros.

Um dos memes que circularam nas mídias sociais italianas durante as longas semanas de bloqueio foi: "Nós vamos ficar bem". Embora este seja um desejo compreensível, não é nada além disso. Ademais, toma implicitamente o *status quo* antes da pandemia como a normalidade à qual devemos aspirar a voltar. Sejamos honestos: não há certeza de que vai dar certo, e a maneira como vivíamos antes da pandemia não era nem boa nem "normal", pois a crise atual é conseqüência do capitalismo, como forma de organização social e de vida.

Ainda *podemos* acabar ficando bem. Mas isso vai depender de nós, da nossa capacidade de evitar um retorno ao normal. Se a tarefa parece assustadora, e é, podemos nos lembrar que não somos totalmente impotentes. Como disse Chris Smalls com absoluta clareza:

> "E para o Sr. Bezos, a minha mensagem é simples. Eu não quero saber do seu poder. Você acha que é poderoso? Nós somos os que temos o poder. Sem nós trabalhando, o que você vai fazer? Você não vai ter dinheiro. Nós temos o poder. Nós fazemos dinheiro para você. Nunca se esqueça disso." (Smalls, 2020).

Referências bibliográficas

ABELSON, Reed; SANGER-KATZ, Margot. Trump Says Hospitals Will Be Paid for Treating Uninsured Coronavirus Patients. *The New York Times*. 03 abr. 2020. Disponível em: https://www.nytimes.com/2020/04/03/upshot/trump-hospitals-coronavirus.html. Acesso em 14 abr. 2020.

ASSOCIATED PRESS. Trump: US To Deploy Anti-Drug Navy Ships Near Venezuela. *The New York Times*. 01 abr. 2020. Disponível em: https://www.nytimes.com/aponline/2020/04/01/us/ap-us-venezuela-anti-narcotics-mission.html. Acesso em 14 abr. 2020.

BÂLI, Asli U.; HANA, Aziz. Sanctions Are Inhumane - Now And Always. *Boston Review*. 26 mar. 2020. Disponível em: https://bostonreview.net/war-security-politics-global-justice/asl%C4%B1-u-b%C3%A2li-aziz-rana-sanctions-are-inhumane%E2%80%94now-and-always. Acesso em 14 abr. 2020.

COLE, Brendan. New York Attorney General Threatens Amazon With Legal Action After Firing Of Worker Who Led Strike Over Coronavirus Precautions. *Newsweek*. 31 mar. 2020. Disponível em: https://www.newsweek.com/ama

Neo-imperialismo: fase superior do neoliberalismo?

Hugo F. Corrêa[1]
Professor de Economia da
Universidade Federal Fluminense

---

[1] Uma versão substantivamente distinta deste texto foi apresentada há muitos anos atrás no XVIII Encontro Nacional de Economia Política, sob o título "Guerra e paz no capitalismo contemporâneo: revisitando o debate sobre a necessidade do imperialismo", ainda influenciada pelo estudo que terminara em minha tese de doutoramento (cf. Corrêa, 2012). Agradeço a Leonardo Leite pela leitura de uma versão prévia do presente artigo, sem, evidentemente, imputar-lhe quaisquer erros aqui contidos – que permanecem de minha inteira responsabilidade.

Resumo: No momento em que a Guerra dos Balcãs, primeiro, e as invasões do Afeganistão e do Iraque, depois, irromperam levantando novamente o quase esquecido debate sobre a relação entre dominação econômica e política num mundo integrado pelo mercado mundial, não era certo ainda que voltaríamos a ouvir falar em imperialismo. O presente artigo busca problematizar a questão das rivalidades internacionais potencialmente bélicas no capitalismo contemporâneo, a partir do debate, travado na virada do século XX, sobre a necessidade do imperialismo. Nesse sentido, pretende-se estabelecer um paralelo entre concepções que naturalizam ou desvinculam as guerras contemporâneas da própria dinâmica capitalista e aquelas que o faziam há pouco mais de cem anos atrás. A partir daí, tentamos sustentar que a análise deste fenômeno não deveria restringir-se a aspectos estritamente empíricos para reafirmar a importância contemporânea da teoria do imperialismo.

Palavras-chave: 1. Imperialismo; 2. Economia Política; 3. Capitalismo contemporâneo

Abstract: This paper seeks to debate the questions of the war and the international rivalries in contemporary capitalism, by looking back at late nineteenth century the debate over the *necessity of imperialism*. In this sense, we establish a parallel between conceptions that naturalize and unlink contemporary wars from capitalist dynamics today and those that did the same more than a hundred years ago. We argue that the analysis of these phenomena should not restrict itself to empirical aspects, and reaffirm the contemporary relevance of theory of imperialism.

Keywords: 1. Imperialism; 2. Political Economy; 3. Contemporary Capitalism

Nos anos 1990, quando a Guerra dos Balcãs, primeiro, e as invasões do Afeganistão e do Iraque, depois, irromperam levantando novamente o quase esquecido debate sobre a relação entre dominação econômica e política num mundo integrado pelo mercado mundial, não era certo ainda que voltaríamos a ouvir falar em imperialismo.

Quase cem anos antes, Lenin escrevera seu opúsculo *Imperialismo: fase superior do capitalismo?*, que pautaria todo debate posterior sobre o tema. Naquele momento, em plena I Guerra Mundial, nem ele nem seus principais antecessores neste debate – notadamente Hilferding, Kautsky, Luxemburgo e Bukharin – tinham dúvidas de que aquele terrível episódio da história humana estava diretamente ligado às contradições do capitalismo de seus tempos.

No entanto, passados os horrores de duas guerras mundiais, entre as múltiplas outras menores que povoaram o mundo num período que ficou lembrado por uma longa guerra que "nunca eclodiu", a Guerra Fria, grande parte dos cientistas sociais reluta, hoje, em associar rivalidades internacionais e intervenções militares de potências capitalistas ao redor do globo à dinâmica geral de funcionamento do capitalismo. Mesmo quando admitido que o "capitalismo de nossos tempos" está longe de poder ser qualificado como pacífico, confere-se aos conflitos militares explicações, frequentemente, conjunturais e primariamente políticas (no sentido mais raso da palavra), sempre remetendo-se, de um lado, à ausência de tensões (com desfechos possivelmente bélicos) entre as principais potências capitalistas, e à crescente homogeneização do espaço econômico, que apagaria as diferenças nacionais, de outro, para apontar que o imperialismo já não é uma realidade hoje.

O presente artigo busca problematizar a questão das rivalidades internacionais potencialmente bélicas no capitalismo contemporâneo a partir da discussão sobre a necessidade do imperialismo entre os últimos anos do século XIX e o início do XX. Para tal, a primeira seção recupera documentos pouco conhecidos que mostram que, às vésperas da I Guerra, não havia consenso nos círculos socialistas de que o imperialismo existisse ou fosse um problema. Em seguida, reconstrói-se o núcleo do debate sobre a necessidade do imperialismo em Lenin e Kautsky. Por fim, é apresentado um paralelo entre os debates anteriormente mencionados e o momento atual.

O debate sobre o imperialismo na II Internacional

É recorrente e bem justificada a ideia de que a obra *Imperialism: a study*, de 1902, de John Atkinson Hobson (2005) dá partida ao debate sobre a teoria do imperialismo. Se compreendermos o modo como essa teoria se cristalizou nos debates posteriores, o pioneirismo de Hobson faz sentido. Mesmo antes de Hobson, contudo, é possível encontrar registros históricos interessantes sobre o assunto.

Os esforços nesse último sentido nos conduziriam, provavelmente, aos últimos anos do século XIX e nos ajudariam em muito a compreender as próprias razões de Hobson em seu estudo. Hobson não cunhou o termo "imperialismo"[2], nem se referia a um fenômeno vago e até então "despercebido" por outrem. Ao menos desde a década de 1870 o termo – tivesse ele conotação positiva ou negativa – vinha se tornando lugar comum no debate político, e o acirramento do neocolonialismo colocava-o na pauta de praticamente qualquer movimento politicamente engajado. É claro que as organizações dos trabalhadores, como particularmente a Segunda Internacional, fundada em 1889, não poderiam deixar de discuti-lo.

Um traço marcante do debate travado no contexto da Segunda Internacional, registrado na importante obra de Day & Gaido (2012), é perceber como mesmo nos círculos socialistas as visões sobre o imperialismo encontravam-se ainda enredadas pela retórica conservadora, que via no neocolonialismo em curso (e no militarismo que trazia consigo) o resultado das tendências "naturais" europeias que geravam uma população supranumerária com relação às suas possibilidades de sustento e/ou o curso de uma tarefa "civilizatória" que não se devia desprezar.

O exemplo mais famoso, combatido e caricato, mas ainda assim profundamente influente no debate coetâneo, nos é oferecido por Edward Bernstein que, desde o fim do século XIX, reiteradamente defendeu tais posições. Em 1896, por exemplo, ele escreveria:

> "Raças que são hostis ou incapazes de civilizar-se não podem reclamar nossa simpatia quando se revoltam contra a civilização. [...] não importa quão crítica seja nossa visão sobre a civilização contemporânea, devemos ainda assim reconhecer seus avanços relativos e tomá-los como critério para nossa simpatia. Condenaremos e nos oporemos a certos métodos de subjugar os selvagens. Mas não condenaremos a ideia de que os selvagens devem ser subjugados e ajustados às regras

[2] A referência clássica da historiografia sobre o assunto é o trabalho de Koebner & Schmidt (1964). Discutimos o tema brevemente em Corrêa (2012, p. 51-53).

> da civilização mais evoluída." (apud Day & Gaido, 2012, p. 11. Tradução nossa).

O nome de Bernstein salta aos olhos quando se trata deste debate, por ser uma das mais destacadas figuras do movimento socialista naqueles dias. Por um lado, a influência de Bernstein derivava-se em parte da proximidade que tivera com Marx e, especialmente, com Engels – que o teve em alta conta, até mesmo com relação a Kautsky;[3] por outro, tornara-se em pouco tempo o mais lembrado nome do revisionismo reformista. Sua influência no interior do movimento socialista não deve, entretanto, ser subestimada.

Como não poderia deixar de ser, o posicionamento de Bernstein a respeito da política colonialista levantaria reações, como a merecida crítica recebida imediatamente pela pena de Belfort Bax ou as posteriores críticas de Kautsky e Luxemburgo, para ficar apenas em algumas[4]. No entanto, é preciso perceber que Bernstein não estava abordando uma questão resolvida no interior do movimento socialista e que passava muito longe de ser uma voz isolada. Aliás, convém lembrar que a própria trajetória do SPD (o Partido Socialdemocrata Alemão, que congregava socialistas de diferentes tendências), do qual Bernstein foi membro no Reichstag, flertou constantemente com o reformismo até a Primeira Guerra e o fim da Segunda Internacional.

[3] Bernstein, assim como Kautsky, conheceu Marx e Engels em Londres, durante o exílio. Em sua biografia sobre o "velho Marx", Musto (2018, p. 55) relata que tanto Marx quanto Engels tiveram fortes reservas com relação a Kautsky – a quem, em carta dirigida a sua filha Jenny, Marx confidenciara considerar medíocre, limitado e pedante; na mesma época (fim de 1881), Engels escreveria a August Bebel: "[Bernstein] tem verdadeiro tato e apreende as coisas no ar; o exato oposto de Kautsky, que é um sujeito honesto, porém pedante, um sofista nato, em cujas mãos não são as questões complicadas que se tornam simples, mas, ao contrário, são as simples que se tornam complicadas".

[4] Cf. Day & Gaido (2012, p. 11-12, 18 *et seq.*).

Influenciada ou não por Bernstein, naquela quadra histórica, boa parte tanto das opiniões "ilustradas" quanto das impressões populares ainda se rendia aos argumentos que naturalizavam a necessidade do imperialismo. E mesmo tendo a contestação a tais afirmações aparecido no movimento socialista tão cedo quanto no debate interno ao SPD de 1885[5], ainda no Congresso de Stuttgart de 1907 da Segunda Internacional essas opiniões se faziam ouvir (Day & Gaido, 2012, p. 25).

Nesse sentido, não deixa de causar espécie que em certa literatura burguesa houvesse maior clareza quanto ao sentido do neocolonialismo (ou do imperialismo como um todo) em curso. A comparação entre os textos coligidos na já citada obra de Day & Gaido e o estudo de Norman Etherington (1984) demonstra que parte da mídia burguesa da época era desde a virada do século capaz de enxergar um "elemento sistêmico", por assim dizer, nas intervenções imperialistas enquanto parte dos socialistas mantinha-se refém dos argumentos que as naturalizavam. A pesquisa de Etherington aponta inicialmente para

[5] Segundo Day & Gaido (2012, p. 9-10), a questão tinha aparecido para o SPD em 1884, girando em torno do apoio ou não à política colonialista por meio da concessão de subsídios às companhias marítimas que criassem linhas comerciais com regiões da Ásia, da África e da Austrália. Ainda de acordo com os autores, a posição majoritária no partido era por apoiá-la, embora, no interior do partido, a minoria tenha saído vitoriosa graças às intervenções de August Bebel e Wilhelm Liebknecht. Foi Liebknecht quem declarou, num discurso de março de 1885: "Nos perguntemos calmamente: qual o verdadeiro propósito da assim-chamada política colonial? Se formos ao fundo da questão, seu propósito declarado é controlar a superprodução e a superpopulação. Mas o que são superprodução e superpopulação? Esses são termos relativos... A superpopulação existe porque temos instituições econômicas e sociais pobres, e o mesmo acontece com a superprodução. Os industriais reclamam que não conseguem vender seus produtos. Sim, cavalheiros, por que não conseguem vendê-los? Porque o povo não pode comprá-los... a riqueza nacional anda de mãos dadas com a pobreza em massa... Irá a política colonial resolver algo a esse respeito? Não, cavalheiros, você apenas exporta a questão social e conjura aos olhos do povo um tipo de miragem nas areias e pântanos da África" (apud Day & Gaido, 2012, p. 9-10. Tradução nossa).

o modo – algo cínico, é verdade – como nas páginas do jornal United States Investor (um periódico financeiro de pequena circulação de Boston) havia, no ano de 1898, se depurado a conclusão de que "ao contrário das expectativas de quase todos, a guerra era boa para os negócios" (Ibid., p. 7. Tradução nossa).

Até maio daquele ano, o Investor, como a maior parte da mídia financeira, segundo Etherington, havia se posicionado contrariamente às investidas imperialistas do país na guerra hispano-americana. A mudança de atitude teria vindo conforme se chega à conclusão de que, embora a guerra envolvesse grande dispêndio de "dinheiro dos contribuintes", "o governo ao se apropriar desse dinheiro para a guerra está na verdade gastando sua maior parte para beneficiar as indústrias americanas e gerando um estímulo extraordinário aos negócios em vários setores" (Ibid., p. 9). Em junho do mesmo ano, sua visão passaria ainda a abarcar uma concepção ainda mais complexa do fenômeno, envolvendo a necessidade dessa política para que se pudesse dar emprego lucrativo para o capital norte-americano, provendo-o com novos mercados e novos campos para investir os lucros já previamente acumulados (Ibid., p. 11). Por fim, até o fim daquele mesmo ano de 1898, o Investor completaria seu raciocínio, acrescentando à mistura que conduzia à necessidade do imperialismo a crescente "combinação de capitais", os trustes:

> "Nenhuma outra época se parece com esta em particular. Não seria possível que se parecesse... As mudanças nas condições econômicas e nas formas de se satisfazer os desejos materiais da humanidade experimentaram transformações maiores nos últimos cem anos do que em todos os séculos passados. Um excesso [congestion] de capital é o resultado. A riqueza do mundo é agora tão grande que ela se multiplica num ritmo fenomenal. Por isso, o problema de encontrar emprego para o capital se tornou um problema de grande magnitude. Ele é atualmente o maior de todos os problemas econômicos que nos confrontam. O truste é o resultado natural desse estado de coisas. O excesso de capital resultou em

> uma concorrência não lucrativa." (apud Etherington, 1984, p. 15-16. Tradução nossa)

Em suma, as opiniões expressas no periódico evoluíram de uma postura crítica com relação à "acumulação" de colônias que resultara da guerra hispano-americana até o ponto em que passavam a relacionar sobre-acumulação de capital, queda das taxas de lucro, monopolização da economia e a necessidade de uma política imperialista[6]. É bem verdade que não se poderia atribuir às opiniões expressas num jornal de pequena circulação a "verdadeira origem" do debate teórico sobre o imperialismo – mas o que Etherington tenta mostrar é como as opiniões ali contidas viriam a influenciar algumas das análises pioneiras do imperialismo, a de Hobson inclusive, no movimento socialista (especialmente naquele localizado na Grã-Bretanha) por intermédio de Gaylord Wilshire (Ibid., cap. 2).

Por fim, destaque-se que a análise proposta por Etherington a respeito do pioneirismo das análises burguesas sobre o imperialismo não se restringem ao movimento já descrito, mas aparecem também de modo transfigurado na Alemanha dos primeiros anos do século XX: "Assim como os capitalistas americanos e ingleses precederam aqueles dois autores [Wilshire e Hobson] na proclamação da necessidade econômica do imperialismo, na Alemanha os admiradores capitalistas do imperialismo pavimentaram o caminho para a crítica socialista" (Ibid., p. 105. Tradução nossa). No caso alemão, a apologia ao imperialismo havia ficado por conta especialmente dos banqueiros Jacob Riesser (também professor da Universidade de Berlim) e Otto Jeidels. Coube a eles o papel de, a partir de 1905, proclamar as vantagens da combinação de capitais entre bancos

[6] Mesmo que, como adverte Etherington, isso não significasse que os editores do Investor considerassem que "o desenvolvimento industrial do século XIX gerou o excesso de bens e capital que levou ao aumento dos trustes e tornou o imperialismo uma 'necessidade'", mas sim que o imperialismo se tornaria "uma necessidade no futuro" (Etherington, 1984, p. 21).

e indústrias e associá-las à necessidade de um expansionismo que garantisse acesso aos alemães a matérias-primas e campos lucrativos de atuação. Ainda segundo Etherington (Ibid., p. 109), foram Riesser e Jeidels que proveram os dados empíricos tomados por Hilferding para estabelecer sua abrangente teoria do imperialismo.

De volta ao assunto que nos interessa mais imediatamente, o importante a se registrar é que no contexto histórico da virada do século XX, não havia claro consenso sobre a necessidade do imperialismo ou mesmo sobre sua indesejabilidade. E, de fato, não foram poucos os socialistas de então que imaginaram ser impossível ou imprudente um posicionamento veemente contra sua face mais visível, o neocolonialismo, defendendo em geral uma postura crítica, mas ao mesmo tempo vendo as colônias como um fato dado e discutindo, até mesmo, qual seria a "política colonial socialista" - dada a impossibilidade de simplesmente "abolir" as colônias e a missão civilizatória que se desempenhava nelas.

Naquele contexto, vozes como as de Heinrich Cunow, Rosa Luxemburgo e Anton Pannekoek, entre outras, surgem como vozes esclarecidas contra a aceitação não crítica do conservadorismo irrefletido. Seu traço distintivo era a clara percepção de que a política colonialista não podia ser justificada mediante os expedientes burgueses, que nada havia de natural e imutável nela, que aquela política se ligava ao modo específico de desenvolvimento do capitalismo em seus dias. Entre essas vozes estava também a de uma das principais figuras da social democracia daqueles dias: Karl Kautsky.

Não obstante a importância da resposta inicial de Kautsky de rechaçar a naturalização do imperialismo, durante as primeiras décadas do século XX, a evolução de suas ideias sobre o tema o lançaria numa nova controvérsia, sobre *como o imperialismo ligava-se àquele capitalismo.*

O debate "clássico" sobre a "necessidade do imperialismo"

De um modo geral, todos os grandes autores do debate clássico sobre o imperialismo concordavam que as guerras que permearam o fim do século XIX – assim como a Guerra que marcou o início do século XX – eram implicações diretas do imperialismo, ainda divergissem quanto ao sentido preciso deste. De fato, todo o período que se estende do último quarto do século XIX até a Primeira Guerra mundial foi marcado pela formação de múltiplos impérios e por uma crescente disputa entre as potências capitalistas pelo controle do globo.

Mas mesmo entendendo que o imperialismo era responsável pela formação daquele sistema de rivalidades internacionais, seria possível projetar para o futuro do capitalismo a persistência desse sistema de rivalidades? Conforme as definições para a categoria imperialismo variavam entre os marxistas, também as respostas possíveis a essa questão variavam. Podemos dizer que, entre os principais debatedores sobre o tema, há uma vasta gama de possibilidades que iam da completa negação de sua persistência até sua completa permanência: Hobson (2005), considerava o imperialismo um mal a ser evitado, especialmente por meio de políticas de distribuição de renda; Hilferding (1985) não tratou do imperialismo como algo inevitável mas como uma política, contudo, considerou ao mesmo tempo que esta era a política econômica do capital financeiro, típica do período portanto; já Luxemburgo (1985) viu o imperialismo como elemento intrínseco ao capitalismo, mas fundamentalmente porque abordou a questão desde o ponto de vista da necessidade do capital de se expandir por sobre todo o mundo ainda não capitalista, ou não plenamente capitalista (as esferas externas ao capitalismo)[7]. Contudo, o principal debate

[7] A tese de Luxemburgo rendeu muitos frutos, sendo ainda muito lembrada (cf., por exemplo, Harvey, 2005). O mais interessante é que sua contribuição

nesse campo ficaria à cargo de Karl Kautsky e Vladmir I. Lenin, em sua divergência sobre a necessidade do imperialismo.

Como é amplamente sabido, Lenin associava o imperialismo a uma fase do desenvolvimento capitalista, marcada pela monopolização da economia, pela dominância do capital financeiro (definido nos termos de Hilferding), pela exportação de capital e pela dominação mundial exercida, do ponto de vista econômico, pelas associações capitalistas e, do ponto de vista político, pelas potências capitalistas (Lenin, 1979, p. 641-642). Nesse sentido, Lenin considerava que as guerras de anexação e as rivalidades entre as potências capitalistas eram um traço necessário do capitalismo moderno, indelével a menos que o próprio imperialismo fosse superado. Suas posições nesse sentido são por demais conhecidas para que valha a pena aqui um resgate mais detalhado.

Kautsky coloca-se no campo oposto do debate. Seus argumentos aparecem com clareza, por exemplo, em um conhecido artigo em que busca refutar as ideias de Heinrich Cunow. Cunow, a exemplo do que defenderia Lenin, visualizava no imperialismo a síntese de todas as características principais do capitalismo daquele momento. Assim, de acordo com Kautsky, seríamos

---

seja reconhecida mesmo quando se aponta a inadequação de seu ponto de partida – o suposto erro de Marx ao desconsiderar a existência das esferas externas ao capitalismo. Desde o ponto de vista teórico, julgamos que a principal contribuição recente a este debate foi estabelecida pela crítica de Lucia Pradella (2013) ao "nacionalismo metodológico" ostentado por Luxemburgo e, segundo ela, também por Lênin. Por outro lado, a respeito de um tema que será desenvolvido na sequência, é interessante observar uma crítica dirigida à Luxemburgo por Bukharin (1976), sintetizada como segue em Corrêa (2012, p. 103): "Sem precisar [a] relação entre o imperialismo e a nova fase do capitalismo, a definição de Luxemburgo aproximar-se-ia [em certo sentido] da de Kautsky, na qual (segundo exemplo de Bukharin) não era considerado imperialismo a guerra pelo controle de regiões já capitalistas (como a disputa, entre França e Alemanha, pelo controle do Ruhr) e, alternativamente, obrigava a ter como imperialista a luta dos Estados português e espanhol no continente americano imediatamente após sua descoberta".

> "levados a resumir no termo imperialismo todos os fenômenos do capitalismo moderno: cartéis, impostos protecionistas, poder financeiro e política colonial. Entendido desse modo, o imperialismo é naturalmente uma necessidade vital para o capitalismo. Mas essa interpretação não é senão uma frágil tautologia, que não nos diz outra coisa a não ser que o capitalismo não pode existir sem capitalismo." (Kautsky, 2002, p. 443).

Ou, como exposto mais adiante, entendida dessa forma a "necessidade" significaria apenas que "o imperialismo existe e que derivou necessariamente de dadas condições e que, como qualquer outra coisa que existe, não é uma formação acidental". Mas tal afirmação, acrescenta Kautsky, "não nos fornece a menor pista para entrever o *futuro do imperialismo*" (Ibid., p. 475).

Segundo Kautsky, o imperialismo não deveria ser identificado com a nova fase do capitalismo, mas como uma forma possível de política: "Creio que temos dos os motivos para permanecer fiéis a essa distinção entre capital financeiro como causa e imperialismo como efeito", que ademais fora estabelecida já nos trabalhos de Hilferding, como Kautsky recorda. E continua: "Isso corresponde ao uso linguístico que entende por imperialismo um particular sistema de política" (Ibid., p. 471). Mais precisamente, o imperialismo seria definido, nessa concepção, como a política de anexação de "territórios agrários", que surge em consequência da crescente desproporção entre produção industrial e produção primária nas economias capitalistas mais avançadas e que tem como principal consequência a elevação do antagonismo entre impérios coloniais rivais em disputa pela ampliação territorial.[8]

Como instrumento possível, mas não exclusivo, da expansão capitalista, Kautsky vê no imperialismo uma política de

---

[8] "O imperialismo é um produto do capitalismo industrial altamente desenvolvido. Consiste no impulso de todas as nações capitalistas industriais a submeter e anexar regiões agrárias cada vez mais vastas, independentemente da nacionalidade dos povos que as habitam". (Kautsky, 2002, p. 444).

"fôlego curto". Segundo o autor, assim como a "concorrência desenfreada entre grandes indústrias, grandes bancos e grandes fortunas já produziu a ideia do cartel das grandes potências financeiras que têm devorado as pequenas", do mesmo modo, "da guerra mundial entre as grandes potências imperialistas, pode surgir um acordo entre os mais fortes, que ponha fim à corrida armamentista". Com isso a política imperialista vigente seria, tendencialmente, substituída por um ultra-imperialismo, fruto, de um lado, da crescente resistência ao imperialismo entre os povos colonizados e trabalhadores dos países industriais, mas também, de outro lado, do aumento dos custos associados à corrida armamentista e à expansão colonial, levando assim a uma superação do imperialismo baseada no acordo entre as potências capitalistas. Em suas palavras:

> "Do ponto de vista puramente econômico, portanto, não se pode excluir a possibilidade de que o capitalismo viva uma fase, uma fase na qual a política dos cartéis se transfira para a política externa, uma fase de ultra-imperialismo, que, naturalmente, devemos combater com a mesma energia com que combatemos o imperialismo, mas cujos perigos estarão em outra parte, não na corrida armamentista nem na ameaça à paz mundial." (Ibid., p. 462).

No que toca o problema que ora nos ocupa, o fundamental não são tanto as diferenças implicadas na definição alternativa de Lenin, mas as implicações dessa definição nas expectativas sobre as possibilidades de eliminação das rivalidades potencialmente bélicas no capitalismo. Como observado pelo próprio Lenin:

> "[...] como se deve qualificar a fase atual do capitalismo: de imperialismo ou de fase do capital financeiro? Chame-se-lhe como se queira, isso é indiferente. O essencial é que Kautsky separa a política do imperialismo da sua economia, falando das anexações como da política preferida pelo capital financeiro, e opondo a ela outra política burguesa possível, segundo ele, sobre a mesma base do capital financeiro. Conclui-se que os monopólios, na economia, são compatíveis com o

> modo de atuar não monopolista, não violento, não anexionista, em política. Conclui-se que a partilha territorial do mundo, terminada precisamente na época do capital financeiro, e que é a base da peculiaridade das formas atuais de rivalidade entre os maiores Estados capitalistas, é compatível com uma política não imperialista. Daqui resulta que, deste modo, se dissimulam, se ocultam as contradições mais fundamentais da fase atual do capitalismo, em vez de as pôr a descoberto em toda a sua profundidade; daqui resulta reformismo burguês em vez de marxismo." (Lenin, 1979, p. 644).

Entre essas "contradições fundamentais", Lenin colocava, é claro, os interesses inconciliáveis de capitais de diferentes nacionalidades em busca do controle das fontes de matérias-primas e dos mercados externos que só poderiam ser resolvidos, acreditava, violentamente. Parte dos comentadores desse debate observou que os horrores da Primeira Guerra não puseram fim às animosidades internacionais, mas prepararam o terreno para a eclosão de outra guerra ainda mais destrutiva no curto período de duas décadas; mas que, por outro lado, o período posterior foi marcado por uma relativa estabilidade na geopolítica internacional, ao menos no que toca as relações entre as potências capitalistas. Ambas as conclusões nos parecem precipitadas – isto é, nem a Segunda Guerra prova a inevitabilidade do imperialismo, nem a "estabilidade" posterior prova sua ausência (na verdade, como assinalado anteriormente, ainda que não estejam no horizonte contemporâneo conflitos substantivos entre as potências capitalistas, não houve uma década sequer ao longo de todo este período em que se possa afirmar de modo consequente que reinou a paz).[9]

[9] Voltaremos a esse tema na próxima seção. Por ora, observe-se que Katz (2011, cap. 2) considera que, com as transformações do período do pós-guerra, surgiriam (já nos anos 1970), três "modelos" explicativos para o imperialismo: o primeiro, influenciado predominantemente por Lenin; o segundo, por Kautsky; e o terceiro, disposto a questionar o kautskismo, mas defensor da necessidade compreender a limitação histórica da análise de Lenin.

Do ponto de vista teórico, a oposição mais importante à posição defendida por Lenin veio na década de 1950, com o trabalho Imperialism of free-trade dos historiadores ingleses John Gallagher e Ronald Robinson. Sem negar que o imperialismo fizesse parte das vidas econômica e política da Inglaterra no fim do século XIX, a crítica de Gallagher & Robinson (1953) mirou no que supunham ser o "coração" da tradição teórica de Lenin: sua concepção histórica, que partia da política britânica no fim daquele século para definir o imperialismo. O ponto defendido por eles é que as aspirações imperiais britânicas datariam de muito antes, supostamente fazendo implodir assim a oposição entre o imperialismo (entendido como um novo estágio do capitalismo ou a política típica desse novo estágio) e o período precedente, em geral caracterizado pela liberdade de comércio.

Tal afirmação baseava-se, em primeira instância, em dados sobre a expansão territorial britânica entre as décadas de 1841 e 1851, mas repousava sobretudo na ideia de que o imperialismo do período seria um fenômeno tão mais significativo caso não se considerasse apenas os territórios formalmente subsumidos à Coroa britânica, mas também um conjunto muito maior de países que constituiriam seu império informal e que, do ponto de vista econômico, era dominado sobretudo pelos tratados de livre-comércio. Com isso, sugeriam os autores, o imperialismo deveria ser considerado como "uma função política suficiente [do] processo de integração de novas regiões em uma economia em expansão; seu caráter é decidido em grande medida pelas várias e mutáveis relações entre os elementos políticos e econômicos da expansão em qualquer região ou momento particulares" (id., p. 5-6. Tradução nossa). Nesse sentido, acrescentavam, o imperialismo não responderia a interesses econômicos diretos, mas a "decisões estratégicas" que não se reduziam aos desejos de expansão motivados por razões econômicas. Em conclusão, pode-se afirmar que os argumentos oferecidos por Gallagher & Robinson, particularmente para explicar as intervenções militares inglesas no continente africano, localizavam na estrutura interna daquele continente a necessidade da criação de um império formal nas últimas décadas do século XIX – motivada pela ausência de estruturas de poder local dispostas a aceitar acordos que submetessem aquelas regiões a um governo informal britânico.

Mais tarde Panitch & Gindin se basearíam justamente nessa ideia de Gallagher & Robinson para afirmar que:

> "Até 1914, Kautsky, não menos que Lenin, havia aceitado, seguindo o livro de Hilferding Finance Capital, que a forma "violenta e brutal" de competição imperialista era "um produto do alto nível de desenvolvimento do capitalismo industrial". No entanto, Kautsky tinha razão ao perceber que mesmo quando a rivalidade interimperialista havia conduzido a uma guerra entre as principais potências capitalistas, esta não era um aspecto inevitável da globalização capitalista. O que tanto irritava Lenin nesta leitura excessivamente politizada da teoria do imperialismo era que Kautsky pensava que "havendo aprendido a lição da guerra mundial", as principais classes capitalistas dominantes podiam eventualmente reavivar a globalização capitalista através de uma colaboração "ultra-imperialista" em vista da força crescente de um proletariado industrial que, não obstante, não contava ainda com as capacidades para efetuar uma transformação socialista. Mas o próprio Kautsky caiu no reducionismo ao conceber sua noção de ultra-imperialismo, como ele mesmo repetiu várias vezes, de "um ponto de vista puramente econômico", em vez de fazê-lo a partir de uma teoria séria do estado. Ainda mais, se Kautsky tivesse posto mais ênfase em sua percepção anterior (de 1911) segundo a qual os "EUA são o país que nos mostra nosso futuro social no capitalismo" e em vez de antecipar uma aliança equitativa entre os países avançados tivesse reconhecido a capacidade do novo império informal emergente dos EUA de penetrar e coordenar eventualmente tais países, se tivesse estado muito mais próximo do que, na verdade, aconteceu logo após 1945." (Panitch & Gindin, 2006, p. 28-29. Grifos nossos)

O que parece passar despercebido dos autores, no entanto, é que a importância da divergência entre Lenin e Kautsky expressava, evidentemente, posições antagônicas de dois líderes políticos num momento crítico para o movimento dos trabalhadores. Como vimos na seção anterior, os socialistas haviam se deparado com os problemas do imperialismo a partir de uma exigência prática de se posicionar frente ao conjunto de políticas dominado por aquele ambiente de crescentes colonialismo, militarismo e protecionismo. Assim, embora seja correta a posição defendida por Gallagher & Robinson (e reafirmada em Panitch & Gindin), de que o imperialismo poderia assumir uma forma econômica, através de relações de mercado – algo que, acredita-se, sequer é incompatível com a própria perspectiva leniniana[10] –, as consequências das afirmações kautskianas em seu contexto histórico são pouco problematizadas.

De fato, a própria mudança na posição de Kautsky, assinalada por Panitch & Gindin, resulta incompreensível sem essa referência. Como observado por Katz (2011, tradução nossa), tal debate atingiu seu ponto culminante no interior da Segunda Internacional precisamente quando

> "o governo [alemão] pressionou os socialistas a aprovarem os créditos de guerra, necessários para o financiamento da ação colonial. A corrente direitista influenciada por Bernstein aceitou essa exigência, argumentando que o país deveria proteger-se contra as agressões externas, assegurando a paz desde uma "posição de força". Justificava, ademais, a expan-

[10] Por isso Lenin (1979, p. 639. Grifos nossos) sugere que: "Ao falar da política colonial da época do imperialismo capitalista, é necessário notar que o capital financeiro e a correspondente política internacional, que se traduz na luta das grandes potências pela partilha econômica e política do mundo, originam abundantes formas transitórias de dependência estatal. Para esta época são típicos não só os dois grupos fundamentais de países – os que possuem colônias e as colônias –, mas também as formas variadas de países dependentes que, dum ponto de vista formal, político, gozam de independência, mas que na realidade se encontram envolvidos nas malhas da dependência financeira e diplomática".

> são imperial, afirmando que a Europa devia contribuir para a civilização dos povos mais atrasados. A vertente centrista encabeçada por Kautsky se opôs. Denunciou os crimes coloniais e previu terríveis consequências de uma escalada bélica. Explicou, ademais, que a Alemanha tentava contrarrestar sua chegada tardia à repartição mundial com ações militaristas desenfreadas. Mas esta crítica não o impediu de mudar de atitude frente ao crescimento das pressões oficiais, para alinhar os parlamentares socialistas com a causa patriótica. Para evitar o eminente derramamento de sangue, Kautsky propôs arrastar as classes dominantes para uma perspectiva de paz."

Day & Gaido (2012, p. 61) notam que Kautsky, em seu livro *O caminho do poder* de 1909, ainda "tratou o imperialismo como uma consequência dos desenvolvimentos econômicos e políticos recentes. Pouco depois, entretanto, ele passou a argumentar que o imperialismo era uma questão de *política* – não uma necessidade histórica – e que essa política presumivelmente seria alterada para evitar uma guerra mundial". Desse modo, em sua atuação no SPD, Kautsky se virou, na Conferência de março de 1909, para a defesa de uma política de desarmamento e de apoio a tratados internacionais que tencionassem evitar a guerra[11]. Dois anos depois, num artigo a propósito do primeiro de maio (de 1911), ele escreveria:

[11] A respeito desta transformação, é interessante observar a descrição de um biógrafo de Lenin, Tamás Krausz (2017, p. 203), sobre a reação do autor: "Haja vista que a irrupção da Primeira Guerra Mundial trouxe à superfície o bernsteinismo amplamente aceito e antimarxista e levou a sua expansão dentro da Internacional, uma mudança na social-democracia certamente aconteceu. Foi algo que Lenin identificou e denunciou ainda em estágio bastante inicial, revelando, ao mesmo tempo, a estratégia política não revolucionária e a visão de mundo evolucionista de seu 'ídolo' alemão, Karl Kautsky. No caso de Kautsky, Lenin se dispunha, em geral, a fazer vista grossa. Em primeiro lugar, não desejava ingressar em debates políticos de escala internacional, pois, para uma série de questões, a autoridade de Kautsky seria vantajosa para os bolcheviques. Em segundo lugar, ainda não reconhecia os próprios aliados na Internacional, embora as críticas de Rosa Luxemburgo, Karl Rádek e Anton Pannekoek a respeito de Kautsky precedessem as dele [...]. A atitude de Kautsky quanto à guerra ofereceu a

> "Nós não deveríamos sob nenhuma circunstância confrontar a demanda por acordos internacionais para preservar a paz ou limitar os armamentos... por considerar que a guerra está intimamente ligada à natureza do capitalismo e é, portanto, inevitável. A questão não é tão simples. E quando vêm propostas de preservação da paz e limitação dos armamentos do lado burguês, propostas que são até certo ponto realizáveis, nós temos todas as razões para apoiá-las e para forçar os governos a se posicionarem diante delas. Quando nossa fração parlamentar fez isso recentemente no Reichstag, ela agiu de modo inteiramente correto". (*apud* Day & Gaido, 2012, p. 64. Tradução nossa)

Quando se chega ao evento fatídico mais conhecido da dissolução da Segunda Internacional, a aprovação dos créditos de guerra concedido ao governo alemão, em dezembro de 1914, com apoio de todos os parlamentares do SPD (exceção feita à Karl Liebknecht, que deixaria o partido com Luxemburgo e outros depois disso), a posição de Kautsky já estava, portanto, determinada.

Logo, não se trata de uma coincidência – nem pode ser tido como uma "miopia" teórica, como parece ser o diagnóstico de Panitch & Gindin na passagem supracitada – que a principal transformação aventada pelo ultra-imperialismo de Kautsky fosse sua tendência pacífica. E precisamente por isso, a perspectiva de Kautsky representava para Lenin um exemplo ímpar dos efeitos do oportunismo sobre a classe trabalhadora. Enquanto Lenin se esforçava por negar ativamente qualquer capitulação nacionalista com os Estados em guerra, Kautsky fornecia argumentos para uma política de conciliação com as burguesias nacionais e, ao extrapolar tendências econômicas para afirmar o ultra-imperialismo, dava crédito àqueles que apostavam na possibilidade de uma "revolução social por dentro" do Estado.

Lenin uma imagem clara de como o papa da social-democracia encontrava-se perdido para a causa política revolucionária. Isso tornou inevitável o embate com Kautsky".

Mas ao dissociar política e economia desta forma, o modo entender a questão de Kautsky, para além dos problemas apontados por Lenin, abria espaço para a dissociação entre o modo de produção capitalista e a forma de construção dos impérios capitalistas, que em última instância não são mais que uma forma concreta de manifestação do império do capital, isso é, da (no limite) completa subordinação em todo o mundo e de todas as esferas da vida ao imperativo da valorização.

A necessidade do imperialismo hoje

Enquanto no campo marxista as posições de Kautsky e Lenin continuaram pairando sobre o debate, a posição do mainstream, desde o pós-Segunda Guerra até os dias de hoje, foi simplesmente esquecer o "imperialismo" ou relegá-lo à história. Desde as últimas décadas do século passado, o eixo de toda discussão relativa ao tema do imperialismo terminou deslocado pela retórica da globalização. Nesta eram enfatizadas, ao invés das contradições produzidas pelo capitalismo, uma cada vez mais completa integração econômica, política e cultural. Seria o fim das ideologias, das rivalidades, das divisões políticas do século XX – e a vitória da "lógica de mercado".

Por isso, a guerra e as intervenções militares passariam, em geral, a serem tratadas como fruto anacrônico das ações de governantes de personalidade agressiva, movidos por ideologias ultrapassadas de natureza política, étnica ou religiosa. Assim, é claro que, exceção feita aos chauvinistas menos disfarçados[12],

[12] Nos referimos aqui, evidentemente, aos apologetas das intervenções militares das potências capitalistas. Na medida em que nosso objetivo aqui é traçar um panorama da evolução do debate sem abrir polêmica sobre interpretações de eventos específicos ou com autores específicos, transitando inclusive por entre impressões acadêmicas e cotidianas, optamos por não nomear muitos interlocutores. Recomenda-se para referências das diferen-

esses conflitos seriam condenados amiúde pela "opinião pública" (leia-se a grande mídia empresarial e as organizações supranacionais, oficiais ou da "sociedade civil") – a não ser quando respondiam por ditas "razões humanitárias". Como deve ser claro também que mesmo que estejamos enfocando inicialmente a consciência cotidiana a respeito do imperialismo presente, esta encontrará formas adequadas de justificação científica na academia.[13]

Diga-se de passagem, nem é novidade que tais posições tenham encontrado, no meio acadêmico, pronta justificação: voltando ao ambiente do debate clássico, pode-se observar que ainda na década de 1910 Joseph Schumpeter (1961), que fora contemporâneo em estudos de Hilferding, em Viena, sublevara-se contra a influência marxista da teoria do imperialismo, buscando invertê-la por completo. Em seu registro, o capitalismo, com o estímulo ao comércio, criava bases sólidas para superar aventuras violentas pelo mundo, enquanto as guerras e a Guerra (de 1914-18) modernas se explicariam pela resiliência de elementos pré-capitalistas ainda não superados.[14]

---

tes formas de abordar o problema no período contemporâneo consultar, por exemplo, Katz (2011, cap. 7).

[13] No campo acadêmico conservador, o caso que mais chamou atenção recentemente foi o de Gilley (2017), que se vale do revisionismo histórico para efetivamente defender o colonialismo não só no passado como no presente. A publicação do artigo quase provocou um cisma no periódico responsável, o Third World Quarterly, culminando com a saída maciça de membros do corpo editorial da revista e a retirada de circulação do artigo. É interessante notar, contudo, que sua retirada se fez acompanhar de uma nota que adverte para os fatos de que o artigo havia sido aprovado em sistema de avaliação duplamente cega por pares e que sua retirada se deu em comum acordo entre autor e editores, após ambos alegarem terem sofrido ameaças – o que demonstra que, em certa extensão, sua posição foi respaldada (por pares e editores) como aceitável. Agradeço a Leonardo Leite por chamar atenção a este ponto.

[14] O livro de Schumpeter (1961) foi escrito durante a Guerra e sua publicação data de 1919. Na introdução de sua edição em língua inglesa, Paul Sweezy (1961, p. 9), que havia sido aluno, assistente e amigo pessoal de

Mas mesmo no campo crítico, no qual se procura investigar tais fenômenos para além das intenções declaradas, as guerras foram tratadas, no mais das vezes, como uma política de que se poderia lançar mão quando fosse lucrativo. E quantas vezes não vimos repetidas as críticas à ganância e à irracionalidade de políticos e/ou empresários obtusos como "verdadeiras causas" das intervenções militares de grandes potências pelo mundo de hoje?[15] Embora reflita assim uma postura crítica diante

---

Schumpeter, corrobora a ideia de que o texto buscava combater a teoria marxista e oferecer uma explicação alternativa para a guerra. Curiosamente, no entanto, uma opinião diversa é expressa pelo neto de Kautsky, John H. Kautsky, para quem o trabalho de Schumpeter apresentava influência marxista notável e marcantes semelhanças com as ideias de seu avô: "Começando com um artigo de 1898 e vários outros trabalhos publicados nos quarenta anos seguintes, [Karl] Kautsky desenvolveu uma visão do imperialismo incrivelmente similar àquela de Schumpeter. [...] Kautsky concordou com Schumpeter que o capitalismo industrial 'puro' era por natureza pacífico e anti-imperialista, que o imperialismo não era uma característica essencial do capitalismo maduro e que os elementos pré-industriais na sociedade eram os responsáveis pelo imperialismo moderno. Assim como Schumpeter, Kautsky enfatizou a força duradoura desses elementos pré-industriais na sociedade e rastreou suas tendências imperialistas até a pré-história e a antiguidade quando povos guerreiros nômades procuravam expansão territorial ilimitada" (KAUTSKY, 1961, p. 103, tradução nossa). Por fim, vale notar que Etherington (1984, cap. 8) também analisa a contribuição de Schumpeter (ao lado de outro economista de grande influência, Thorstein Veblen) observando sua negação da teoria do imperialismo enquanto explicação para a Grande Guerra. Etherington, no entanto, argumenta que boa parte da repercussão que gozaria a obra de Schumpeter nos anos do pós-guerra é indevida, na medida em que, para ele, "Schumpeter escreveu essencialmente no interior e não fora da tradição marxista" (Ibid., p. 231). O mais interessante das observações de Etherington, porém, é o modo como é capturado o impacto sobre a teoria do imperialismo do ambiente da Guerra Fria, quando se generalizaram a título de crítica modelos esquemáticos pouco representativos do que ela fora realmente (valendo-se para isso inclusive de passagens fora de contexto da teoria de Schumpeter) – e oferecendo assim uma vívida imagem sobre o modo como a teoria do imperialismo foi excluída do debate acadêmico.

[15] Para citar apenas um exemplo emblemático, pode-se lembrar a reação que

dos conflitos, perde-se nesse conjunto de interpretações o elemento "sistêmico" da violência interestatal, isso é, sua relação precisa com a própria dinâmica social.[16]

Antes de seguir adiante, convém dizer que a ampla disseminação das posições acima referidas reside, em boa medida, no próprio modo como a história do capitalismo se desenrolou durante o período do pós-Guerra. Período no qual, não só a descolonização da Ásia e da África reverteu uma das "faces mais visíveis" do imperialismo, como os conflitos armados entre potências mundiais pareceu ser posto de lado, em nome da estabilidade, da frutificação do comércio e dos investimentos internacionais. Transportando isso para os termos em que se desenrolara o debate "clássico" sobre a necessidade do imperialismo, Kautsky pareceria, portanto, ter razão. A incompatibilidade da guerra com os negócios, a coalização entre potências em nome da paz – em última instância o ultra-imperialismo. Nas palavras do pensador crítico Luiz Alberto Moniz Bandeira[17]:

---

gerou no campo progressista a intervenção norte-americana no Iraque, no início dos anos 2000. Tão logo, anunciou-se a invasão, críticos imediatamente se puseram, com justiça, a denunciar os interesses envolvidos de Bush e seus "falcões" no controle da rica região petrolífera – em funções de negócios pessoais-familiares ou do capital norte-americano em geral, e daquele invertido nos campos petrolífero e do complexo industrial-militar, em particular. Mas, como pretendemos desenvolver, a crítica que se esgota nesse campo de denúncia se arrisca a se esvair sem chegar ao centro da questão.

16 Não nos referimos aqui ao amplo conjunto de interpretações marxistas que, por caminhos muito diversos, buscou resgatar e revigorou o debate sobre o imperialismo a partir dos últimos anos do século XX. Alguns exemplos nesse campo são os trabalhos de Mészáros (2001), Wood (2014), Harvey (2005) e Callinicos (2009). Procedemos um mapeamento mais cuidadoso de algumas dessas interpretações em Corrêa (2012, cap. 4).

17 Em Corrêa (2012), como numa versão prévia deste artigo a que já se fez alusão, analisamos algumas interpretações acadêmicas da contemporaneidade em que esses "ecos do ultra-imperialismo" de Kautsky se fazia ouvir – das quais a mais explícita (embora não a mais influente) é, provavelmente, a de Odile Castel (1999).

> "A perspectiva de guerras entre as potências imperialistas, conforme Lenin e os bolcheviques esperavam, já não existia na segunda metade do século XX. Elas haviam se deslocado para a periferia do sistema capitalista, para os países do Terceiro Mundo. Não mais se podia imaginar um conflito armado entre a França e a Alemanha, ou entre a Alemanha e a Grã-Bretanha, ou entre algum desses países e os Estados Unidos. O que se confirmou foi a previsão de Kautsky, segundo a qual ocorreria uma exploração conjunta do mundo pelo capital financeiro, embora essa integração não eliminasse a competição comercial e as contradições entre as potências industriais, no mercado financeiro. Em 1975-1976, a administração do sistema global efetivamente passou do Conselho de Segurança da ONU para o Grupo dos Sete, G-7, formado pelos chefes de governo dos Estados Unidos, do Japão, da Alemanha, Grã-Bretanha, da Itália, da França e do Canadá, inicialmente com o objetivo de coordenar a política financeira internacional, agenda depois ampliada com outras questões de segurança e estabilidade econômica e política. Estava consolidado o cartel das grandes potências industriais, que Kautsky previra." (Moniz Bandeira, 2016, p. 304-305)

Mas, como já observamos, na base dessas afirmações está de maneira implícita, às vezes até irrefletida, um empirismo amparado na aparente ausência de conflitos bélicos. Para contestar tal visão, partamos do mais óbvio: vivemos uma "era de paz"? Será que, de fato, faz sentido afirmar supostas tendências pacifistas do capitalismo contemporâneo quando olhamos, por exemplo, para as recentes intervenções norte-americanas no Afeganistão e no Iraque ou para a tragédia produzida pela contínua guerra siriana, em que coadjuvam todas as potências ocidentais? Ora, mesmo no campo da pesquisa empírica, utilizada para afirmar as tendências pacíficas, a afirmação é duvidável. Recentemente, foi noticiado que em 2018 os gastos militares globais, puxados pela elevação dos gastos chineses e norte-americanos, atingiram números recordes em termos absolutos, como se vê nos **Gráficos 1 e 2.**

Gráfico 1 - Gasto Militar: Mundo, 1979-2018 (em bilhões de dólares correntes)

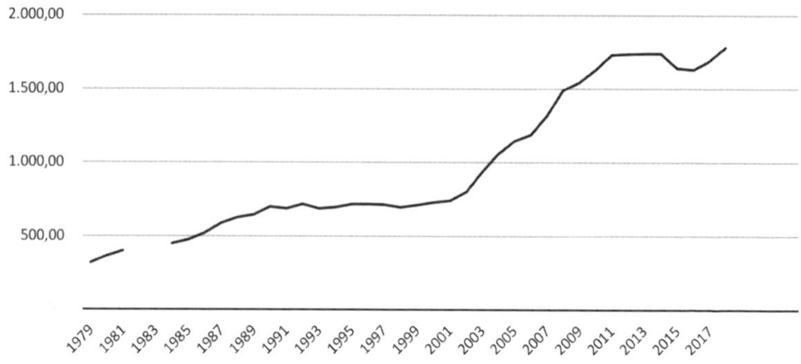

Gráfico 2 - Gastos Militares: países e regiões selecionadas, 1960-2018 (em bilhões de dólares correntes)

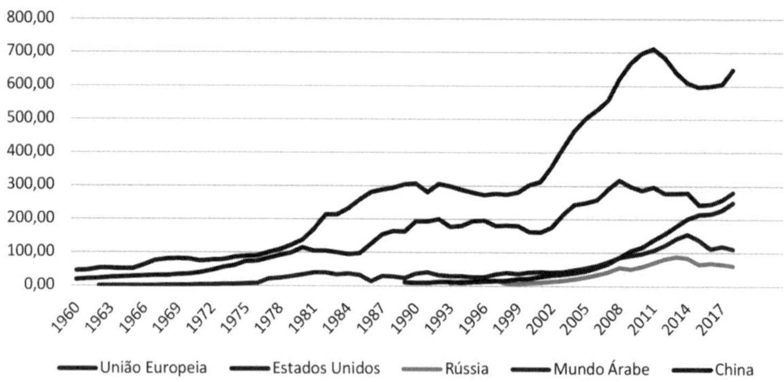

Fonte: Banco Mundial (2019). Elaboração própria.

A este número pode-se contestar, no entanto, que o valor dos gastos em relação ao PIB tem caído, apesar do aumento absoluto. Ainda assim, vejamos o que nos diz o último relatório da SIPRI, uma das instituições internacionais mais lembrada pela produção de estatísticas e análises sobre o tema:

> "A segurança global se deteriorou marcadamente na última década. O número de conflitos armados aumentou. Ocorreu uma violência prolongada e chocante em grande parte do Oriente Médio, da África e do Sul da Ásia. A anexação da Crimeia pela Rússia, em 2014, e o apoio às forças separatistas no leste da Ucrânia formam um foco de disputa em meio à atmosfera geral de aprofundamento de confrontação entre a Rússia e o Ocidente. As transferências internacionais de grandes armas aumentaram e o gasto militar mundial se estabilizou em um alto patamar – superior ao nível em que esteve durante os últimos anos da guerra fria. Da mesma forma, o número de Estados que possuem armas nucleares aumentou embora o número de ogivas nucleares tenha continuado a cair. Contudo, as medidas que permitiram essa queda estão sob risco." (SMITH, 2018, p. 3, tradução nossa)

Aliás, sobre esta última afirmação, notícias recentes dão conta de que tratados de desarmamento, firmados nos últimos dias da guerra fria, estão sendo ou serão esvaziados agora[18]. Não por acaso, o discurso do secretário-geral da ONU António Guterres na última Conferência sobre Desarmamento, realizada em fevereiro de 2019, assumiu tons catastrofistas, sugerindo que "o mundo está testemunhando o colapso de medidas internacionais para controlar instrumentos de destruição em massa" (ONU, 2019).

Ao mesmo tempo, o relatório da SIPRI lembra ainda que

> "O Alto Comissariado das Nações Unidas para os Refugiados estima que 28.300 pessoas são forçadas todos os dias a deixar suas casas por causa de conflitos violentos e perseguições. O total mundial de pessoas deslocadas forçadamente é de mais de 65 milhões e tem aumentado rapidamente nos últimos anos, primariamente em função dos efeitos de conflitos violentos." (Ibid., p. 16, tradução nossa)

[18] Caso mais emblemático dos últimos dias é o do Tratado de Forças Nucleares de Alcance Intermediário, que foi abandonado recentemente por Estados Unidos e Rússia. Notícias mais recentes dão conta também que o mesmo pode ocorrer com o tratado "New START", que expira em 2021 e pode não ser renovado.

Pode-se levantar um paralelo "curioso" entre os debates que surgem desta última informação e o debate da virada do século. Como vimos, naquele caso, uma das "justificativas" que permitia naturalizar a necessidade do imperialismo era o excedente populacional europeu. Nos dias de hoje, porém, a direção dos fluxos migratórios inverte-se em direção à Europa e aos Estados Unidos, como resultado, especialmente, dos conflitos alimentados por essas potências e da própria disparidade nas condições de vida no plano mundial fomentados pelo imperialismo. Apesar disso, a "crise migratória" é na maior parte das interpretações cotidianas tratada sem uma vinculação à própria dinâmica capitalista, tornando-se um ingrediente a mais na explosiva mistura que tem permitido a ascensão global de partidos e governos de extrema-direita cujas propostas tendem precisamente a reforçar as rivalidades internacionais[19].

É preciso reconhecer, contudo, que este movimento é por demais recente para que se preste a uma análise pormenorizada no âmbito deste artigo. O que nos interessa mais diretamente, em todo caso, é mostrar que há bases mais do que sólidas para que se conteste as supostas "tendências pacifistas globais" – e isso ainda não é tudo. Pois o mais fundamental é perceber que o imperialismo, e mais especificamente o sistema de rivalidades internacionais que dele faz parte, nunca saiu realmente de pauta, mesmo quando a pesquisa empírica não apontava abertamente nessa direção.

Não pretendemos realizar aqui um resgate demasiado amplo das inegáveis transformações operadas no interior do modo de produção capitalista ao longo do século XX. As características mais importantes do debate sobre a necessidade do imperialismo foram, primeiramente, rejeitar a "naturalidade" e a métrica linear de "evolucionismo" (acentuado em Bernstein, por exem-

[19] O efeito não chega a ser surpreendente quando se observa que o nacionalismo é historicamente um dos sustentáculos das ideologias de extrema-direita, embora não disponhamos de tempo e espaço para explorar de forma mais detalhada esse assunto aqui.

plo) com que se pretendia avaliar o imperialismo e, em segundo lugar, sublinhar sua vinculação à dinâmica do capital projetada sobre plano mundial (como aparece particularmente nas posições representadas por Lenin na seção anterior). É evidente que a história nunca para, que às transformações do fim do século XIX, analisadas no "debate clássico", seguiram-se aquelas do século XX e que mudanças importantes podem e devem ser consideradas. Mas nem por isso se deve perder de vista que, mesmo operando sob formas distintas, é possível observar nesse período a reafirmação, ao invés da negação, do imperialismo.

Até a II Guerra Mundial, a trajetória de instabilidade econômica e a tensão política no plano internacional deixam poucas dúvidas de certa continuidade com as características principais do debate sobre a necessidade do imperialismo. É no pós-guerra que se define o contexto no qual o imperialismo passaria a ser contestado, conforme se concretizavam a descolonização e as alianças econômica e político-militar das "potências ocidentais" – sedimentadas num conjunto de instituições supranacionais (como a ONU, o FMI, o BIRD, a OTAN etc.) e na cooperação norte-americana para reconstrução da Europa e do Japão. Apesar disso, é possível dizer que a "partilha do mundo" entre capitais e potências capitalistas, para usar os mais que conhecidos termos de Lenin (1979, p. 641), avançaram.

A lógica do multilateralismo e do "liberalismo enraizado"[20] disseminada no pós-guerra foi sem dúvida fundamental para permitir que o controle sobre regiões econômicas do globo repousasse sobre fluxos de capital em que a violência não se faz explícita (empiricamente dada). Esses são certamente fatos relevantes para compreendermos a aparência "pacífica" assumida pelo capitalismo global[21]. A disparidade de poderio militar

[20] Sobre a ideia de "liberalismo enraizado", inspirada no trabalho clássico de Karl Polanyi (2012), ver por exemplo Ruggie (1982) e Blyth (2002). Embora não se trate de uma análise marxista, autores como Harvey (2008) se apropriam da ideia para discutir a trajetória do capitalismo no pós-guerra.

[21] Trata-se de algo que foi, sob diapasão teórico variado, apreendido por

entre as potências capitalistas e a rivalidade contra o "socialismo real", que impõe um deslocamento geográfico do lócus em que a violência bélica é utilizada, são provavelmente outros. Ao mesmo tempo, é forçoso notar que o período de derrocada da guerra fria não se fez acompanhar por redução dos gastos ou das intervenções militares, mas assistiu seu crescimento.

O que, entretanto, é fundamental perceber é que desde o pós-guerra até hoje, a manutenção da disparidade de poderio militar sustentada continuamente pelos Estados Unidos com relação às demais potências capitalistas foi um elemento fundamental da manutenção de sua hegemonia mundial[22], assim como a disparidade constituída entre outras potências capitalistas e a periferia do sistema[23]. A conservação (ou ampliação) dessas disparidades constituem-se assim como um efetivo imperativo. Elas servem para manter virtualmente incontestável a ordem atual de coisas, diminuindo a necessidade do uso da força. E, é claro, servem para permitir a contínua defesa dos interesses do grande capital ao redor do mundo, no limite, pela força. Se trata, portanto, de um imperativo que emerge precisamente da concorrência e da rivalidade interestatal. Dito de outra forma: mesmo que não houvesse a eclosão de uma guerra sequer em todo esse período – e todos sabemos que houve

---

diversos autores marxistas como, por exemplo, Wood (2014) e Panitch & Gindin (2006). Leite (2016) propõe uma interessante chave de leitura para esse fenômeno, indicando que em distintos períodos da história do capitalismo, aspectos diversos do imperialismo manifestam-se com mais ou menos força.

[22] A expansão do militarismo, especialmente sob o forte crescimento do complexo industrial-militar norte-americano, durante os anos do pós-guerra e suas consequências foram amplamente documentadas, por exemplo, em Magdoff (1979) e Mészáros (2001).

[23] Falando de um caso menos discutido, Pradella & Rad (2017) discutem os interesses do capital e das potências europeias na intervenção da OTAN na Líbia, partindo precisamente da ausência de análises capazes de articular a evolução histórica recente daquele país com a própria dinâmica do capitalismo mundial, particularmente do imperialismo europeu.

inúmeras e de profundas consequências para a situação em que nos encontramos – a rivalidade não estaria eliminada, mas conservada sob forma diversa.

É bom que se diga que, em nossa última afirmação, não se trata de uma simples reafirmação da necessidade do imperialismo como defendida nas teses de Lenin no início do século XX, mas sim da reafirmação da importância de tratar a questão da guerra e da paz nos dias presentes a partir da análise da constituição própria da sociedade capitalista. O perigo de não o fazer é o de continuar produzindo análises que, com mais ou menos refinamento, não fazem mais que revelar os mesmos estereotipados desejos de um "concurso de miss".

À guisa de conclusão

Há mais ou menos cem anos atrás Kautsky estabeleceu um paralelo entre as tendências ao ultra-imperialismo e ao monopólio. Segundo ele, assim como o monopólio era resultado da concorrência, a emergência do ultra-imperialismo, com suas tendências pacíficas, seria resultado do acirramento das disputas bélicas do imperialismo em curso. Talvez se possa dizer que ele estava, em alguma medida, certo pelos motivos errados. Pois assim como o monopólio, desde uma perspectiva marxista, não elimina a concorrência, a formação de uma "coalizão capitalista" não elimina as rivalidades interestatais.

Boa parte das análises sobre as intervenções militares no capitalismo contemporâneo procurou, mesmo entre os críticos, radicar o problema em políticas irracionais (associadas, para mencionar apenas o caso mais evidente, aos "falcões" de George W. Bush ou, mais recentemente, aos discursos truculentos e xenófobos de Trump e da nova (extrema) direita no plano mundial). Mas as noções de "política" e "irracionalidade" sustentadas em interpretações desse tipo podem facilmente trair seu intuito original. Não obstante, os absurdos do conservadorismo crescente, interpretações como essas conferem aos conflitos contemporâneos um caráter casual e atribuem às relações comerciais (capitalistas) uma racionalidade questionável, reeditando (conscientemente ou não) a doutrina do doux commerce que marcou o pensamento liberal sobre a emergência do capitalismo. Nada mais distante da realidade. A universalização do capitalismo no século XX não deveria trazer expectativas de fim das rivalidades internacionais, culminem elas em explosões mais ou menos violentas.

Entendido como uma determinação do capitalismo, o imperialismo pode manifestar-se por formas diversas, de acordo com as circunstâncias históricas. Mas o armistício entre as potências capitalistas não significa seu fim. Ao contrário, dá margem a sua afirmação por outros meios, enquanto sua explosão violenta, na guerra, permanece latente.

Referências bibliográficas

Banco Mundial. *World Development Indicators*. Disponível em: <https://data.worldbank.org/indicator/MS.MIL.XPND.CD>. Acesso em 20/01/2020.

Blyth, Mark. *Great Transformations*: Economic Ideas and Institutional Change in the Twentieth Century. Nova Iorque: Cambridge University Press, 2011.

Bukharin, Nicolau. Imperialismo e acumulação de capital. In: Tarbuck, K. (Ed.). *Imperialismo e acumulação de capital*. Lisboa: Edições 70, 1976.

Callinicos, Alex. *Imperialism and global political economy*. Cambridge: Polity, 2009.

Castel, Odile. *La naissance de l'ultra-imperialisme*: une interprétation du processos de mondialisation. In: Duménil, G. & Lévy, D. (org.). *Le triangle infernal*: crise, mondialisation, financiarisation. Paris: Presses Universitaires de France, 1999.

Corrêa, Hugo. F. Teorias do imperialismo no século XXI: (in) adequações do debate no marxismo. *Tese (doutorado)* – Programa de Pós-Graduação em Economia, UFF, Niterói, 2012.

Day, Richard & Gaido, Daniel. *Discovering imperialism*: social democracy to World War I. Leiden: Brill, 2012.

Etherington, Norman. *Theories of imperialism*: war, conquest and capital. Nova Jersey: Barnes and Nooble Books, 1984.

Gallagher, John.; Robinson, Ronald. The Imperialism of Free Trade. *The Economic History Review*, v. VI, n. 1, 1953.

Gilley, Bruce. The case for colonialism. *Third World Quarterly*, v. 38, 2017.

Harvey, David. *O novo imperialismo*. São Paulo: Loyola, 2005.

_____. *O neoliberalismo*: história e implicações. São Paulo: Loyola, 2008

Hilferding, Rudolf. *O capital financeiro*. São Paulo: Nova Cultural, 1985.

Hobson, John. *Imperialism*: a study. Nova Iorque: Cosimo,

2005.

Katz, Claudio. *Bajo el imperio del capital.* Buenos Aires: Ediciones Luxemburg, 2011.

Kautsky, John H. J. A. Schumpeter and Karl Kautsky: Parallel Theories of Imperialism, *Midwest Journal of Political Science*, v. 5, n. 2, mai. 1961.

Kautsky, Karl. O imperialismo; Dois artigos para uma revisão. In: Teixeira, A. (org.). Utópicos, heréticos e malditos: os percursos do pensamento social de nossa época. Rio de Janeiro: Record, 2009.

Koebner, Richard & Schmidt, Helmut. *Imperialism*: the story and significance of a political word, 1841-1960. Cambridge: Cambridge University, 1964.

Krausz, T. *Reconstruindo Lênin*: uma biografia intelectual. São Paulo: Boitempo, 2017.

Leite, Leonardo. O capital no mundo e o mundo do capital: uma reinterpretação do imperialismo a partir da teoria do valor de Marx. *Tese (doutorado)* – Programa de Pós-Graduação em Economia, UFF, Niterói, 2016.

Lenin, V. I. *Imperialismo Fase Superior do Capitalismo*. In: _____. Obras escolhidas, v.1. São Paulo: Alfa-Omega, 1979.

Luxemburgo, Rosa. *A acumulação de capital.* São Paulo: Nova Cultural, 1985.

Magdoff, Harry. *Imperialismo*: da era colonial ao presente. Rio de Janeiro: Zahar, 1979.

Mészáros, Istvan. O século XXI: socialismo ou barbárie? São Paulo: Boitempo, 2001.

Moniz Bandeira, Luiz A. *Formação do império americano: da guerra contra a Espanha à guerra no Iraque*. Rio de Janeiro: Civilização Brasileira, 2016.

Musto, Marcello. *O velho Marx*: uma biografia de seus últimos anos (1881-1883). São Paulo: 2018.

Organização das Nações Unidas (ONU). *Guterres alerta para riscos de nova corrida por armas nucleares.* Disponível em: <https://nacoesunidas.org/guterres-alerta-para-riscos-de-

-nova-corrida-por-armas-nucleares/>. Acesso em junho de 2019.

Panitch, Leo & Gindin, Sam. *Capitalismo global e império norte-americano*. In: Panitch, L.; Leys, C. (Ed.). Socialist Register 2004: o novo desafio imperial. Buenos Aires/Londres: CLACSO/Merlin, 2006.

Polanyi, Karl. *A grande transformação: as origens políticas e económicas do nosso tempo*. Lisboa: Edições 70, 2012.

Pradella, Lucia. *Marx's Capital and Imperialism*. Historical Materialism, n. 21, v. 2, 2013.

Pradella, Lucia & Rad, Sahar T. *Libya and Europe*: imperialism, crisis and migration. Third World Quarterly, v. 38, n. 11, 2017.

Ruggie, John G. *International Regimes, Transactions, and Change*: Embedded Liberalism in the Postwar Economic Order. International Organization, v. 36, n. 2, 1982.

Schumpeter, Joseph. A. *Imperialismo e classes sociais*. Rio de Janeiro: Zahar, 1961.

Smith, Dan. Introduction: International stability and human security in 2017. In: SIPRI Yearbook 2018: *Armaments, Disaramaments and International Security*. Estocolmo: SIPRI, 2018.

Sweezy, Paul. Introdução. In: Schumpeter, J. A. *Imperialismo e classes sociais*. Rio de Janeiro: Zahar, 1961.

Wood, Ellen. M. *O império do capital*. São Paulo: Boitempo, 2014.

RESENHAS

Vida (e morte) da elite soviética
Kevin Murphy[1] resenha *"A casa do governo: uma saga da revolução russa"* de Yuri Slezkine

[1] Professor de História Russa na Universidade de Massachusetts (Estados Unidos). Tradução de Daniela Mussi.

Seria razoável esperar que uma saga da Revolução Russa, de mil páginas, escrita por um dos mais talentosos e provocativos historiadores russos instigaria o interesse dos socialistas ao redor do mundo. Contudo, dada a influência da universidade norte-americana e sua capacidade de produzir uma quantidade infinita de trabalhos anticomunistas sobre a Revolução Russa – a reviravolta social mais importante da história mundial – a falta de engajamento sério da esquerda com estes estudos é até compreensível.

Conheci Yuri Slezkine em 2000, no Arquivo do Partido Comunista em Moscou, onde ele graciosamente comparou seu estudo a respeito da Casa do Governo, conjunto habitacional construída no final dos anos 1920 onde residiu a elite soviética, ao meu trabalho sobre a fábrica *Foice e Martelo* – com a diferença crucial que o seu trabalho era de história social da elite e não dos trabalhadores (cf. Murphy, 2005). Slezkine sabia das dificuldades que enfrentava: é sabido que as coleções arquivistas soviéticas foram organizadas por espaço de trabalho e não por comunidade. Será que seu ambicioso projeto seria sequer factível?

Quando o premiado livro de Slezkine, *The Jewish Century*, foi publicado em 2004, eu achava que a resposta era *não* e que o projeto anterior havia sido abandonado. Contudo, *The House of Government, A Saga of the Russian Revolution* (SLEZKINE, 2017) foi finalmente publicado, no centenário da Revolução Russa. Uma leitura rápida em suas copiosas notas finais realizadas a partir de dezessete arquivos revela a solução que Slezkine encontrou para seu desafio metodológico: ela representa o ponto culminante de vinte anos de uma pesquisa espetacular, incluindo dezenas de longas entrevistas realizadas nos anos 1990 com residentes do conjunto habitacional ainda vivos. A publicação deste livro reúne meia vida de trabalho acadêmico e em arquivo, e merece atenção específica dos historiadores críticos.

Por volta de 1935, a Casa do Governo em Moscou contava com 2655 inquilinos – majoritariamente familiares de funcionários do Estado e Partido. "Era o quintal da vanguarda; uma fortaleza protegida por portões de metal e guardas armados; um dormitório onde funcionários estatais viviam como maridos, esposas, pais e mães, vizinhos; o lugar que os revolucionários chamavam por lar e onde a revolução morreu".

Duas das três "tensões" temáticas do livro de Slezkine são verdadeiramente instigantes. A primeira são as histórias familiares de muitos residentes, conhecidos e desconhecidos. A capacidade de reunir o relato emocionante – frequentemente trágico – de tantas vidas dos residentes é o centro do trabalho. Além disso, existe a exploração que o autor realiza dos fundamentos literários da visão de mundo bolchevique. "Para os velhos bolcheviques, ler os 'tesouros da literatura mundial' era uma parte crucial da conversão de experiências, dos rituais amorosos, das "universidades" da prisão e da domesticidade da Casa de Governo". Temas literários voltados para a terceira tensão – as referências bíblicas – são bastante repetitivas e não convencem. Esta terceira tensão analítica é problemática, a identificação que Slezkine faz dos bolcheviques como milenaristas sectários. Esta não é uma proposição nova, esteve presente na literatura da Guerra Fria e mesmo antes. Durante as Jornadas de Julho, em 1917, Nikolai Berdiaev sugeriu em seu *Religious Fou-*

ndations of Bolchevism que os bolcheviques desejavam "transformar pedras em pão, mergulhar de cabeça no abismo revolucionário na esperança de um milagre revolucionário e fundar um reino eterno na terra, substituindo o reino de Deus".

Se a afirmação dos bolcheviques como milenaristas sectários pode ganhar aplausos do público anticomunista, ela tem o risco de afastar os leitores mais críticos, o que seria um desperdício já que o livro é muito mais do que isso. É difícil compreender por que nenhum pesquisador experiente entre as dúzias que leram o manuscrito não considerou prudente alertar Slezkine a respeito de escorregadas óbvias no enquadramento conceitual do trabalho. Sua decisão bizarra de adotar o paradigma da historiografia do Escritório de Serviços Estratégicos (OSS) no momento em que o pós-modernismo perde força nos estudos soviéticos revela a extensão da pasmaceira intelectual que ainda afeta o campo.

Muitos dos nomes proeminentes entre os residentes da Casa são familiares aos estudiosos da Revolução Russa: Nikita Khrushchev, Primeiro Secretário do Comitê do Partido em Moscou e, posteriormente, Primeiro Secretário do Partido Comunista; Aleksandr Voronsky, escritor de ficção, membro da Oposição Unificada e editor do jornal literário *Red Virgin Soil;* Valerian Osinsky, líder da Oposição Democrática Centralista e presidente do Conselho Supremo da Economia Nacional; Maria Shaburova, dirigente da Seção das Mulheres, editora do *Rabotnitsa* (Trabalhadora) e Comissária do Povo para o Bem-Estar Social da República Russa; Karl Radek, presidente do Comintern; da Oposição de Esquerda e Oposição Unificada; Nikolai Podvoisky, presidente do Comitê Militar Revolucionário, que comandou o assalto ao Palácio de Inverno; Ivar Smilga, Comissário Revolucionário do Front Ocidental, Líder de bancada do Comitê Estatal de Planificação, da Oposição de Esquerda e Oposição Unificada.

Alguma das histórias de família são de pessoas que "não reconhecemos", mas suas vidas são tão interessantes que o leitor começa a achar que cada uma mereceria um livro. Slezkine é mestre em contar histórias, em uma narrativa na qual, em determinados momentos, abruptamente somos lembrados da época perigosa em que os residentes da Casa viviam. Tal é o caso de Fedor Fedotov, Roza Marcus e de seu filho Lyova, "cronista, escritor, músico" e artista.

Fedotov nasceu em uma família camponesa em 1887, juntou-se a um círculo socialista ainda jovem e passou um tempo na prisão por distribuir panfletos. Por volta de 1914, emigrou aos Estados Unidos onde conheceu sua futura esposa, Rosa Markus, e ingressou na seção Bolchevique de Nova Iorque. Entre 1915-1916, tornou-se presidente do sindicato dos estivadores e organizador do Partido Comunista; foi preso um pouco depois – durante as diligências para prender ativistas de esquerda coordenadas pelo procurador A. Mitchell Palmer, que deu nome à operação – e sentenciado a dez anos de prisão. Em sua cela, de acordo com Roza, "havia apenas um tênue fio de luz de sol vindo de cima. Ele costumava seguir o fio com o livro nas mãos para ler." Fedotov escapou da Prisão Trenton um ano depois, e voltou com Roza para a Rússia. Nos anos 1920 e 1930, ele serviu nos partidos comunistas em Alma-Ata, Tashkent na República do Quirguistão, e escreveu livros de ficção e infantis.

Depois de sua morte devido a um acidente de caça, Roza se mudou para a Casa do Governo e sua "ampla, próxima, móvel e ascendente" família judaica proveu Lyova "de professores e amigos, bem como de um elo vital entre o Apt. 262 e a história mundial, a descoberta e o socialismo". Roza trabalhou como figurinista no Teatro da Juventude de Moscou, mas o orgulho de sua vida foi seu filho Lyova:

> "Eu nunca o vi apenas sentado fazendo nada. Quando se sentava, Lyova lia. Seu pai era assim também. Você não poderia dizer que se tratava de uma escrivaninha de criança. Era a mesa de... um tipo de professor. Havia sempre muitos livros... e cada livro tinha uma anotação. Ele se sentava e escrevia. Ele tinha um herbário."

Seu amigo de infância, Yuri Trifonov, descreveu Lyova:

> "Desde pequeno ele se esforçava apaixonadamente e ansiosamente para ser melhor de todas as maneiras possíveis, devorando rapidamente todas as ciências, artes, livros, música e todo o mundo – como se tivesse medo de não ter tempo suficiente. Aos doze anos, ele parecia viver com o sentimento de ter pouco tempo e muita coisa para realizar. Ele se interessava por muitas ciências, especialmente mineralogia, paleontologia e oceanografia; desenhava muito bem – suas aquarelas eram exibidas em exposições de arte e publicadas na revista Jovem Pioneiro; amava música clássica e escrevia romances em cadernos grossos, encadernados com tecido."

A guerra de Stálin contra os camponeses – com a coletivização forçada e a fome daí resultante – é descrita no Cazaquistão do ponto de vista do tour de inspeção feito por Sergei Mironov na região junto de sua companheira, Agnessa Argiropulo. Eles continuaram a viver um estilo de vida luxuoso entre as autoridades, embora Argiropoulo tenha notado que "por alguma razão, Mirosha está se tornando mais sombrio e mais retraído a cada dia, e eu nem sempre consigo tirá-lo dessa condição". Na visita à cidade fantasma de Karanga, Mironov havia se deparado com canibalismo, uma criança órfã que comera seu irmão de dois anos – "cortando pedaços para comer e alimentando sua irmã até não sobrar mais nada".

Moronov estava "muito irritado", notou Argiropoulo, mas "tentava não pensar nessas coisas e afastá-las de si. Ele sempre acreditou que tudo o que o partido fazia era correto, era muito leal." Em Petropavlovsk, participou de um banquete para comer um porco suculento junto aos burocratas partidários locais no qual "vários criados, lacaios e lambe-botas serviam todos os tipos imagináveis de comidas – até mesmo laranjas. Nem sequer remeto aos diferentes tipos de sorvetes e uvas". Mesmo na relativamente privilegiada Moscou, a forma alcançou a Casa do Governo, e muitos residentes convidavam familiares para viver consigo. A maior parte dos residentes chegados de áreas rurais possuía parentes que haviam passado fome, e muitas das faxineiras da Casa eram refugiadas dos processos de coletivização. Em 1933, próximo à Grande Ponte de Pedra, mendigos eram "adultos e crianças que pareciam pequenos esqueletos com suas mãos esticadas". Apesar da segurança da Casa do Governo ser restritiva, ainda em 1935 era possível ver "crianças esquálidas perto dos edifícios, passando por entre as grades de metal e cercas, escondidas entre as colunas, mendigando por comida".

Crianças da classe trabalhadora que viviam perto dos dormitórios, quartéis e cortiços ficavam "impressionadas com a riqueza com a qual se deparavam" na Casa do Governo. Ocasionalmente as garotas da casa visitavam seus colegas fora da comunidade protegida, "chocavam com a miséria que encontravam e não desejavam não voltar mais ali", enquanto os garotos "corriam o risco de serem pegos de surpresa e apanhar" quando voltavam da escola para a casa.

Durante a construção, entre 1928 e 1931, trabalhadores temporários das regiões rurais que trabalhavam na edificação da Casa do Governo viviam em tendas sem aquecimento e saneamento compartilhadas entre várias pessoas, trabalhavam dez horas por dia e comiam "comida estragada com vermes". Já em 1928, o a direção local do partido notou que o principal desconforto político entre os trabalhadores era um "igualitarismo vulgar no que diz respeito às relações entre cidade e campo", ao mesmo tempo em que centenas de trabalhadores abandonavam a construção sem trabalhar um dia sequer.

Durante a fome, os residentes da casa passavam férias na Riviera Branca onde "a qualquer hora do dia ou da noite um empregado poderia ser enviado para conseguir comida quente". Em 1933, os convidados da *nomenklatura* provaram caviar, peixe defumado, presunto, salsicha, carne, pão branco, pão preto, entre outras iguarias. Na Casa do Governo, os residentes compravam em lojas alimentícias exclusivas, tinham empregadas, babás e motoristas. A maior parte das mulheres, de acordo com a sobrinha de Stálin, Kira, vestiam roupas feitas por encomenda – "não apenas vestidos e ternos, como também sobretudos e casacos de pele".

O estilo de vida extravagante de alguns dos moradores da Casa do Governo não parecia tão chocante como sua propensão à violência que, de acordo com Skezkine, está presente de maneira proeminente no marxismo como "movimento apocalíptico". "Violência geralmente produz uma boa orientação teórica. Todos os bolcheviques a viam como parte da Revolução, e ninguém poderia negá-la por princípio." Slezkine não consegue explicar por que os eventos de outubro foram tão violentos em Moscou e quase sem sangue em Petrogrado ou por que durante "os anos 1920 a intensidade da violência diminuiu." Mas Slezkine dificilmente é o único nesta apresentação seletiva da violência. Um quarto de século depois de David Floglesong (1995) detalhar o financiamento massivo e secreto dos Estados Unidos de alguns dos sujeitos mais violentos e antissemitas do século XXI, os socialistas ainda podem esperar o dia em que um desses grandes especialistas falarão das intenções dos Estados Unidos em estabelecer "ditaduras militares" favoráveis aos seus interesses.

Slezkine reúne uma base sólida de informações a respeito da violência sob o Terror, mas sua maior contribuição é a história intrincadamente tecida de histórias humanas destruídas. Por mais estranho que possa parecer hoje, há poucas décadas os argumentos dos "revisionistas" – apologistas de Stálin – eram levados a sério. Enquanto os guerreiros ocidentais da Guerra Fria adicionavam dígitos aos números de mortes, os revisionistas respondiam por meio de tentativas de minimizar a escala da repressão e o papel de Stálin nos assassinatos em massa.

Ao todo, entre 1936 e 1939, por volta de 800 residentes da Casa do Governo foram presos e 344 executados. Slezkine complementa o que já é bastante conhecido a respeito do escopo e natureza do Terror com numerosas histórias pessoais das vítimas, executores e, às vezes, ambos ao mesmo tempo. A polícia secreta (NKVD) realizava prisões *a priori* para preencher cotas e organizava listas de acusados, incluindo 335 listas pessoalmente assinadas por Stálin. Privação do sono, interrogatórios que duravam dias inteiros e espancamentos eram usados para forçar "confissões", muitas das quais editadas por Stálin. Em agosto de 1937, o chefe da NKVD, Ezhov, expediu a Ordem n. 00486 que ordenada a busca e prisão das "esposas dos traidores da pátria mãe" e "seus filhos maiores de quinze anos socialmente perigosos e capazes de engajamento em atividades antissoviéticas".

Slezkine oferece uma explicação convincente para a dinâmica cada vez mais extensa do Terror. Quando Bukharin respondeu às acusações apontando as inconsistências de seus acusadores, foi comunicado de que seu "comportamento advocatício" era irrelevante. Seus juízes disseram que sua culpa estava dada e que seu único trabalho era confessar e se arrepender, não argumentar. O que importava, comenta Slezkine, não era se os traidores fizessem determinadas coisas ou não; o que importava era que eles haviam traído o Partido e poderiam fazê-lo novamente. Todos, com exceção de Stálin, haviam pecado contra o Partido em algum momento, por meio de pensamentos ou ações, e deveriam ser responsabilizados por atividade terrorista criminosa. Slezkine mostra que muitos dos envolvidos nestas terríveis operações acreditavam em sua retórica, achavam que estavam realmente "desmascarando os inimigos do povo".

Em seu pensamento, diz Slezkine, não havia espaço para erros, acidentes, desastres naturais – todo fracasso era resultado de sabotagem deliberada. Contudo, ele está errado ao sugerir que o combate aos sabotadores, espiões e vândalos tenha começado a ganhar força apenas em abril de 1937. Na fábrica *Foice e Martelo*, engenheiros, opositores e os supostos "kulaks" já existiam desde o primeiro plano quinquenal. A repressão atinge seu apogeu em 1937, mas os processos que se valiam dos bodes expiatórios que Slezkine descreve estavam intrinsecamente relacionados ao processo de industrialização rápida e às tentativas brutais de remediar os problemas estruturais inerentes a ele.

Entre as muitas vítimas do Terror havia Tania Miakova e sua família. Miakova, então com vinte anos, se juntara aos bolcheviques na Ucrânia durante a Revolução de 1917; se formou na Universidade Comunista Sverdlov, em Moscou, casou-se com Michael Poloz - chefe do Planejamento Ucraniano - e teve uma filha, Rada, em 1924. Em 1927 passou a fazer parte da oposição e passou a década seguinte no exílio, prisão e campos de trabalho forçado, inclusive no infame Gulag de Kolyma na região nordeste da Sibéria. Em Astrakhan, ela juntou dinheiro para muitos exilados desempregados, organizou reuniões da oposição e distribuiu panfletos acusando a liderança do Partido de trair a classe trabalhadora. Como muitos trotskistas, Tania tornou-se obcecada pela industrialização, "geralmente tudo o que eu preciso são o plano de cinco anos e sandálias tamanho 37". Depois do encontro com seu marido no Cazaquistão, Tania terminou por assinar uma carta de retratação - não se sabe se por medo pela segurança de sua família ou se pelo Partido não estar mais apaziguando o conflito com oficiais da NEP e *kulaks*.

Depois de sua soltura, Tania, Poloz e sua filha se mudaram para a Casa do Governo, mas ela foi detida novamente em 1931 por encontrar-se com ex-oposicionistas e, de acordo com a polícia secreta, por expressar preocupações a respeito da coletivização do trabalho. Slezkine recupera longamente as emocionantes cartas que Tania escreveu para a filha, marido e mãe nas quais procura se manter otimista, oferecer orientação para a educação da filha à distância e provar sua lealdade ao regime - completamente ciente da vigilância sob a qual se encontrava. Ao final, Tania é traída por sua companheira de quarto em Kolyma por ser uma "trotskista não reformada" e é executada por "manter contato regular com trotskistas convictos". Poloz também é executado e uma das acusações é a de "manter correspondência com sua esposa, uma trotskista". Rada trabalharia como enfermeira durante a II Guerra e seria presa durante o cerco de 1949 contra "familiares dos traidores da pátria mãe".

Os responsáveis pelo combate aos sabotadores tiveram, por vezes, sua sanidade questionada. O chefe de Effim Shchadenko expressou suas preocupações de que "a qualquer momento" ele poderia "sucumbir sob um acesso de loucura delirante". Enviado a Kiev em julho de 1937 para "liquidar os efeitos das sabotagens", Shchadenko declarou a um camarada do período da Guerra Civil que "eu como sempre, sou impiedoso com o inimigo, atacando pela direita e pela esquerda, aniquilando-o e seus atos vis". Sua esposa, Maria Denisova (retratada no poema épico de Maiakovski, *Nuvem de calças*), fazia sua própria busca por inimigos do povo na Casa do Governo, usando apenas camisola e por vez carregando uma pistola ou faca para avançar sobre os vizinhos", ameaçando-os "com palavras completamente sem sentido".

A incursão extensa e habilidosa de Slezkine na ficção contemporânea permite a textura de profundidade de cada época da casa. A literatura da NEP, diz Slezkine, "retém a memória e a esperança dos últimos dias, mas havia mais, mais do que tudo essa era a literatura do grande desapontamento". Os bolcheviques contaram o tempo sagrado em anos e assumiram, como o profeta Paulo, "que o mundo em sua forma presente está acabando". Citando favoravelmente o economista Lev Kritsman (apartamento 186) em seu *The Heroic Period of Russian Revolution* (1924) a função da NEP era preparar para a "batalha mundial histórica que se aproxima entre capital e proletariado", fomentar a revolução mundial fora da URSS e educar internamente os beneficiados por ela.

Ainda que muitos autores e alguns dos líderes partidários pensassem assim, ao menos entre os mais significativos no interior do Politburo, Slezkine aposta no sentido inverso. Depois de sete anos de guerra, guerra civil e revoluções europeias fracassadas, o socialismo em um só país de Stálin era assimilado pelas seções mais conservadoras do Partido em nome da estabilidade contra o aventureirismo de Trotsky, descrito como o Dom Quixote do comunismo. Já em 1924, durante a campanha maliciosa contra Trotsky, Stálin deletara sua própria referência anterior à revolução internacional como um pré-requisito para o socialismo em *Foundations of Leninism*.

Slezkine apresenta um conhecimento supreendentemente desinformado a respeito das regras bolcheviques e sobre como foram mudando sob Stálin. Ele afirma que "era tradição do Partido 'proibir a defesa de certas visões'; que a única maneira para um oposicionista permanecer no Partido seria 'revendo as visões' proibidas". Na verdade, quando Zinoviev exigiu a retratação de Trotsky no 13º Congresso do Partido, em maio de 1924, essa foi a primeira vez que esse tipo de postura foi exigido e Krupskaya – que não apoiava a oposição – se opôs a essa "demanda psicologicamente impossível".

Se, por um lado, Slezkine é capaz de identificar a profunda contradição entre os estilos de vida suntuosos, o poder e os privilégios dos residentes da Casa do Governo e a "construção do socialismo", é uma pena que escolha enquadrar sua narrativa nos paradigmas antiquados e simplistas associados à equivalência entre stalinismo e socialismo.

Séquitos necessitam de líderes imbatíveis e "Lenin era tanto a criatura como a garantia da unidade dos que pensavam igual". Durante a NEP, enquanto o "novo regime se conteve para esperar", a sua mais importante tarefa era "disciplinar os fiéis". E, como "Bukharin relembrou, o Partido em 1922, logo depois da introdução da NEP e do banimento das 'facções' internas, 'unidade da vontade' sempre foi a chave para o bolchevismo". Já em 1924, "quando o partido adquiria força antes da batalha final, o desafio era primordial".

Como Stephen Cohen (1985) argumentou, o bolchevismo era, na verdade, "um movimento político diferente – ideologicamente, programaticamente, em termos geracionais" e "muito mais amplo e diverso que Lenin era o próprio leninismo". Apesar disso, o enquadramento da história soviética com "ausência de diferenças significativas ou descontinuidades entre bolchevismo e stalinismo" tornou-se a missão acadêmica dominante, bem como o uso intercambiável entre esses dois termos e "leninismo" como se fossem "o mesmo, politicamente e ideologicamente". A história bolchevique antes de 1929 é tratada como mera precursora ao inevitável, "antessala do stalinismo". Os argumentos de Cohen contra a "tese da continuidade" da Guerra Fria são de 1984, mais de vinte anos antes de Slezkine começar a pesquisa do livro.

Em sua caricatura da história bolchevique, Slezkine falha em mencionar as diferenças por vezes profundas entre os bolcheviques em diversos assuntos importantes. Desconsiderar a análise das diferenças pode ajudar a evidenciar a uniformidade do partido, mas não deixa de ser uma operação descuidada e irresponsável. Os adversários bolcheviques de Lenin em abril de 1917 (e depois) são frequentemente omitidos, bem como suas posições. Os mencheviques estavam presentes na agressiva reunião de Krzesinska em 4 de abril. Três dias antes Stálin e Kamenev aceitaram a oferta de discussões unitárias feitas por Tsereteli com acordo a respeito do apoio ao Governo Provisório e a continuidade dos esforços de guerra. Três meses depois, Tsereteli assumiria pessoal a responsabilidade de solicitar o mandado de prisão contra Lenin.

Em seu estudo seminal sobre o bolchevismo em 1917, Alexander Rabinowitch (1976) mostrou que "o caráter democrático, tolerante e descentralizado da estrutura partidária e do método de operação, bem como seu caráter aberto e massivo, em contraste com o modelo leninista tradicional". Há mais de um século, Roy Medvedev evidenciou que as facções bolcheviques, tais como os Comunistas de Esquerda, os Centralistas Democráticos e a Oposição dos Trabalhadores, elegeram delegados para os Congressos com plataformas programáticas próprias, que em 1921 o banimento das facções foi uma medida *temporária* durante a crise do início do ano. Apesar da falsificação dos resultados pelos representantes stalinistas, sabemos hoje que em 1923 a Oposição de Esquerda obteve a maioria entre os partidários de Moscou. Certamente Slezkine sabe de tudo isso, ou deveria.

Slezkine evita enfrenta um problema muito mais amplo em sua tentativa simplista de conectar os pontos. Nada dos arquivos da antiga URSS revelados nas últimas décadas contribuiu para provar que Stálin dispusesse de um grande plano de coletivização e industrialização preparado para ser lançado quando "a espera" terminasse e o momento fosse favorável.

Stálin, na verdade, era um fervoroso defensor da NEP. Foi apenas durante a crise profunda da fase mais tardia da NEP, como mostra Michal Reiman, que o estrato dominante "segregou-se do povo e passou a atuar de maneira hostil a ele" com vistas a implementar "soluções extremistas". Quando a ampla e violenta política de coletivização foi iniciada em 7 de novembro de 1929, Slezkine afirma (sem comprovar) que estava já estava "prevista (contida) em Marx, Engels e Lenin". Aqui, contra Slezkine seria possível simplesmente retomar os elogios de Preobrazhensky para Stálin em 1934: "Você sabe que sequer Marx ou Engels, os quais escreveram muito sobre a questão do socialismo no campo, sabiam as especificidades que a transformação rural assumiria".

Slezkine também recupera a análise de Trotsky a respeito do stalinismo, citando sua declaração de 1928 de que a ação de Stálin contra Bukharin era "indiscutivelmente, uma tentativa de alcançar nossa posição" e, em seguida, declara que Trotsky em seguida teria afirmado que o socialismo "finalmente está sendo construído", mas "que não poderia juntar-se às suas fileiras". Na verdade, a análise – problemática – de Trotsky era do stalinismo como "bonapartismo", ou seja, oscilante desse entre os interesses da classe trabalhadora e aqueles da pequena burguesia, e seguiria sendo assim.

Por vezes os leitores podem começar a se perguntar se estão com o livro errado nas mãos. Nele, tanto bolcheviques como nazistas supostamente seguiram Marx, "mas Hitler não sabia (e os bolcheviques não sabiam de Hitler e não costumavam ler a *Contribuição à crítica da filosofia de Hegel* ou a *Questão Judaica* de Marx.

Apesar destes problemas graves, como estudo prosopográfico da conversão de uma parte significativa do aparato do partido em uma nova classe dominante, *The House of Government* preenche um grande buraco na história do stalinismo, mesmo se seu autor não vê as coisas nestes termos. Infelizmente, o argumento elitista dos "bolcheviques como facção milenarista" obscurece ao invés de esclarecer esse processo. Ao longo dos anos 1920, uma seção significativa de seus membros assumiu a causa e condição da classe trabalhadora e camponesa de maneira séria e seus dirigentes expressaram isso e de muitas e amplas maneiras. Slezkine gostaria que pensássemos diferente a esse respeito.

Durante os anos 1920, residentes de muitos prédios das Casas do Sovietes assumiram estilos de vida privilegiados, mas também trabalhavam longas horas a ponto de exaustão. Em 1927, por volta de 65% os líderes soviéticos na Casa de Repouso Lenin reclamavam de algum tipo de complicação emocional. Quando eles começaram a se mudar para a Casa do Governo, em 1931, Slezkine leva em conta esse sentimento de dedicação e autoconsideração coletiva dos "chefes construtores do novo mundo".

O que é particularmente impressionante é o quão distantes esses novos governantes estavam de sua concepção anterior a respeito do papel emancipador da classe trabalhadora, substituído por sua própria atuação com força da mudança. Ao celebrar a repressão nas regiões rurais no "Congresso dos Vencedores", em 1934, Preobrazhensky reverenciou a "liderança do camarada Stálin" em alcançar "as maiores transformações da história do mundo". Nos anos 1930, poucos residentes da Casa faziam referência à classe trabalhadora ou ao proletariado e, quando isso acontecia, era sempre de maneira retórica. Menos frequente ainda era a tentativa, mesmo privada, de compatibilizar o socialismo de caserna com o marxismo. Slezkine reconhece essa contradição, mas oferece agulhadas irônicas ao invés de se aprofundar na "industrialização que se apoiava no trabalho forçado tanto quanto em seus 'genuínos entusiastas'".

Esse é o aspecto analítico mais frustrante do estudo de Slezkine. É possível perceber em diversos momentos, de relance, o caráter dos residentes da Casa como governantes, bem como a mudança de sua concepção a respeito do marxismo. Uma concepção que evolui do socialismo emancipatório de 1917 para uma versão mais distorcida e paternalista nos anos 1920 depois dos bolcheviques substituírem o governo da classe trabalhadora pelo seu próprio. Nos anos 1930, o stalinismo representou uma ruptura completa em relação ao marxismo quando a produtividade se tornou um mantra onipresente, combinado com o silêncio e complacência de trabalhadores e camponeses. Ao invés de analisar essa mudança, Slezkine se sente compelido a afirmar a continuidade – mesmo sabendo que a história soviética, desde o início, é repleta de descontinuidades, em particular quando se trata da substituição promovida pelos "chefes construtores" ao assumir o lugar de "agência transformadora" da classe trabalhadora.

Mesmo que existam dúvidas, ambivalências e visões divergentes a respeito do que pensavam estes "chefes construtores", é inegável que o *ethos* produtivista do stalinismo atravessava sua visão de mundo. A maioria dos bolcheviques, "ortodoxos e não ortodoxos, acreditava que o socialismo estava sendo construído e que o final estava próximo". Slezkine é convincente ao dar suporte a essa *perspectiva de consenso* entre os residentes da Casa ao descrever suas ações e comentários, ainda que ele não realize o mesmo quando se trata da classe trabalhadora nas fábricas. Por vezes, Slezkine parece esquecer o objeto do seu estudo – de fato, os historiadores revisionistas nunca conseguiram encontrar as abelhas operárias felizes stalinistas que supunham encontrar.

O compromisso dos residentes da Casa do Governo com o projeto stalinista e com sua própria função social foi decisivo no processo. Como o crítico literário Aleksandr Voronsky afirmou, "a determinação do que era bom para a construção do socialismo era tarefa da liderança do partido". A industrialização acelerada foi determinada como boa e ninguém poderia se opor. O crucial, afirmado por Stálin aos administradores industriais em 1931 e citado de maneira textual muitas vezes, era diminuir cinquenta ou mesmo cem anos de atraso econômico em relação aos países avançados em uma década, "ou seremos destruídos".

O custo dessa industrialização frenética foi o "tributo" dos camponeses no interior, apontado por Slezkine, mas também dos trabalhadores das cidades, o que não é mencionado. A implementação dessas políticas exigiu uma ampla máquina estatal coercitiva e fiel, comprometida com o processo draconiano de acumulação primitiva. "Classes são grupos", argumentou Lenin, "os quais podem se apropriar do trabalho alheio devido à diferença de sua posição em um sistema econômico dado". Sob esta perspectiva, *A Casa do Governo* é um estudo fascinante dos governantes stalinistas e de seu projeto.

O livro é o mais contraditório estudo sobre a Revolução Russa já publicado. Brilhante, cativante, de dar aperto no coração. Sob muitos aspectos é história social da melhor qualidade. Muitos dos críticos acadêmicos de Slezkine autores de trabalhos empoeirados devem ser lembrados de que não existe nada comparável publicado nos últimos 50 anos e provavelmente não será superado tão cedo. Yuri Slezkine deve ser elogiado por ter dedicado tantos anos de sua vida para produção deste livro incontornável para todos os estudiosos sérios da Revolução Russa.

Isso não nos impede de sermos rigorosos com suas falhas. Conceitualmente, *A Casa do Governo* é uma completa confusão que torna esta grande obra épica uma história previsível, contada tantas vezes antes e que projeta um argumento de continuidade repleto de erros factuais e omissões. Leitores atentos, capazes de perceber as análises exasperantes e tratar o ruído indesejado de fundo, vão gostar da viagem.

Referências bibliográficas

BERDYAEV, Nikolai. Religioznye osnovy bol'shevizma. *Russkaya svoboda*, Petrograd-Moskva, 8 ago, n. 16/17, 1917.

COHEN, Stephen. *Rethinking the Soviet Experience: Politics and History Since 1917*. Oxford: Oxford University Press, 1985.

FOGLESONG, David S. *America's Secret War against Bolshevism: U.S. Intervention in the Russian Civil War, 1917–1920.* Chapel Hill: University of North Carolina Press. 1995.

MURPHY, Kevin. *Revolution and Counterrevolution: Class Struggle in a Moscow Metal* Factory. Berghahn Books, 2005.

RABINOWITCH, Alexander. T*he Bolsheviks Come to Power: The Revolution of 1917 in Petrograd*. Nova York: Norton, 1976.

SLEZKINE, Yuri. *The Jewish Century*. Princeton: Princeton University Press, 2004.

_____. *The House of Government*. Nova Jersey: Princeton University Press, 2017.

Contra a nova razão do mundo
Rodrigo Gonçalves[1] resenha *"A escola não é uma empresa: o neoliberalismo em ataque ao ensino público"* de Christian Laval

[1] Doutor em Ciência Política pela USP e professor do Instituto Federal do Ceará (IFCE).

Na dinâmica altamente veloz do capitalismo contemporâneo, não se pode dizer que *A Escola Não é uma Empresa*, publicado pela primeira vez em 2003 na França, seja um livro novo. Entretanto, a temática da obra – e seus instrumentos de análise – segue sendo muito relevante no Brasil, e por isso a segunda edição brasileira, lançada em 2019 pela Boitempo, vem em boa hora. O livro traz uma análise de como os ditames ideológicos e econômicos do neoliberalismo começavam a influenciar decisivamente o sistema escolar francês (inclusive o sistema público) no início do século XXI, e sobretudo das tendências perigosas que se desenhavam naquele momento. Para Laval, o neoliberalismo traz consigo um projeto de anulação das tendências igualitárias da educação republicana.

O sociólogo francês Christian Laval era mais conhecido, no início dos anos 2000, por seus trabalhos relacionados à história do pensamento liberal norte-americano. Entretanto, a partir dos trabalhos publicados ao lado do filósofo francês Pierre Dardot[2], Laval passou a ser uma referência para pensar criti-

[2] Dardot e Laval publicaram três livros de análise mais profunda sobre o

camente o neoliberalismo como uma "nova razão do mundo". Como o próprio autor afirma no prefácio à segunda edição brasileira (p.9), ele não tinha todos os instrumentos teóricos que posteriormente seriam desenvolvidos nos trabalhos feitos com Dardot para a análise do neoliberalismo, mas as teses sobre o neoliberalismo escolar presentes na obra se sustentam.

O livro é organizado em três partes. A primeira, intitulada *A produção de "capital humano" a serviço da empresa,* o autor busca demonstrar como o projeto neoliberal de escola consiste em modelar a formação dos estudantes a partir das demandas do mercado. Para isso, trata do papel de organizações internacionais de fomento, sobretudo a Organização Mundial do Comércio (OMC) e a Organização das Nações Unidas para a Educaçao, a Ciência e a Cultura (UNESCO), e demonstra os riscos de uma educação organizada simplesmente a partir dos ditames do mercado:

> O perigo de obedecermos à lógica do rendimento e das competências que as empresas querem nos impor é muito grande, porque estamos vivendo sob um capitalismo cada vez mais instável, no qual não só os ciclos econômicos, mas também os ciclos de emprego e as "ondas tecnológicas determinam flutuações na demanda de "competências" difíceis de prever (Laval, 2019, p. 105).

Na segunda parte, *A escola sob o dogma do mercado,* discute-se a privatização do sistema educacional francês, especialmente baseada nas ideias de que os pais têm o direito de escolher as escolas e os caminhos pedagógicos que serão seguidos por seus filhos, por um lado, e no conhecido discurso da ineficácia dos serviços públicos, por outro. A análise desemboca na ideia –

---

neoliberalismo e possíveis perspectivas alternativas nos últimos anos, são eles: A Nova Razão do Mundo (2016), publicado em 2009 na França e em 2016 no Brasil; Comum (2017), publicado em 2014 na França e em 2017 no Brasil, e *Ce cauchemar qui n'em finit pas (2016),* publicado em 2016 na França e na Espanha, e ainda sem publicação no Brasil.

bastante conhecida pela literatura crítica sobre educação no Brasil – de que o modelo neoliberal que vinha sendo implementado na França tendia a acentuar e sobretudo a perpetuar desigualdades importantes. A lógica do "Estado educador" seria substituída pela do "serviço privado oferecido a um cliente", o que faz com que a qualidade do ensino passe a depender cada vez mais das características sociais dos alunos, o que contribui com o crescimento das desigualdades e com o enfraquecimento da atuação institucional de combate a elas (p. 188).

Por fim, a última parte do livro é dedicada à discussão sobre *Poder e Gestão na escola neoliberal,* e debate especialmente as ideias de "modernização escolar" provenientes do neoliberalismo. Esse aspecto do projeto neoliberal de escola é, para Laval, um ponto fulcral, na medida em que desperta confusão inclusive em setores progressistas do campo pedagógico. Alguns educadores e sociólogos da educação na França, especialmente mais conectados com a burocracia estatal, teriam comprado a ideia de que a modernização era necessária e que as reações a esse processo tinham marcas conservadoras. Contrapondo-se a isso, o autor busca demonstrar que uma série de características 'modernizadoras' desde a gestão escolar – na qual o professor passa a ter um papel cada vez mais de mero administrador – até a própria concepção de educação, nada mais são do que a adequação da escola aos ditames do mercado, acompanhada da precarização do trabalho dos educadores. Numa concepção em que a educação aparece como uma mercadoria, um bem privado a ser consumido por famílias, a ideia da "criança-rei", da gestão descentralizada, do pedagogo não diretivo, e toda uma gama de transformações lexicais e de eufemismos emergem como organizadores de uma ideia de escola como espaço privado e feito sob medida para consumidores de diferentes perfis.

O livro não se propõe a formular um programa para a escola ou para a educação, mas sim a fazer um diagnóstico preciso da situação da educação da França naquele momento e de suas principais tendências. Seu principal mérito, no entanto, é o de perceber como a educação de forma mais geral e a organização escolar de forma mais específica se inserem em um contexto mais amplo de transformações e crises do capitalismo.

> (...) a globalização econômica desestabiliza o antigo sistema político e normativo no qual a escola ocupava um lugar central, especialmente na França. O valor emancipador da cultura e a formação do cidadão ativo eram a perspectiva e a meta da instituição escolar. O que valem essas referências, se a grande narrativa da cidadania está desmoronando na sociedade de mercado? Os conflitos que estão em jogo na escola são apenas uma parcela de uma crise mais geral da política e da cidadania no capitalismo global (Laval, 2019, p. 300).

Nessa reflexão se encontram os principais potenciais reflexivos da obra para pensar a contemporaneidade, que justificam sua republicação no Brasil neste ano. Depois de escrito o livro, muito aconteceu, e as contradições e instabilidades do capitalismo global se acentuaram bastante com o advento da crise de 2007/2008. Nesse novo cenário, o neoliberalismo – que parecia entrar em crise em alguns lugares – ganhou roupagens ainda mais radicais. No Brasil, onde "o valor emancipador da cultura" e a "formação do cidadão ativo" nunca foram as marcas principais do nosso sistema educacional, o advento e a chegada ao poder em 2019 de um projeto ultraliberal que busca transformar toda a estrutura estatal – inclusive e com foco especial a educação – torna a discussão sobre os impactos de uma privatização total e de uma ideologia neoliberal na organização escolar atualíssima. É nesse cenário que a análise de Laval sobre a França do início do século dialoga – se cotejada com as produções nacionais sobre educação – com a situação brasileira de forma profícua.

Além disso, do ponto de vista mais geral, embora *A escola não é uma empresa* tenha sido elaborado antes dos três livros de reflexão mais ampla sobre o neoliberalismo e as potenciais alternativas a ele, a obra pode perfeitamente se encaixar num esquema mais geral de interpretação proposto pelas obras posteriores. Se o neoliberalismo se apresenta – mais do que como um sistema econômico com fortes implicações sociais e políticas – como uma nova razão de mundo, seguramente a escola cumpre um papel importante na construção e na reprodução dessa razão neoliberal. Nesse sentido, a nova edição do livro também permite olhara para ele a partir do que foi produzido e pensado por Christian Laval (junto com Pierre Dardot) nos anos seguintes, e sem dúvida isso torna a leitura ainda mais rica. Compreender a escola como um dos instrumentos de criação e reprodução do neoliberalismo em todos os seus aspectos não é uma novidade, mas continua sendo uma necessidade: para essa tarefa, o livro de Laval segue sendo uma ferramenta importante, mesmo dezesseis anos depois de sua primeira publicação.

Referências bibliográficas

DARDOT, Pierre.; LAVAL, Christian. *A nova razão do mundo.* Ensaio sobre a sociedade neoliberal. São Paulo: Boitempo, 2016;

____. *Comum.* Ensaio sobre a revolução no século XXI. São Paulo: Boitempo, 2017;

____. *Ce cauchemar qui n'em finit pas.* Paris: Éditions La Découverte, 2016.

Projeto gráfico
por **sobinfluencia.**

sobinfluencia.com
@sobinfluencia